Elternberatung

BY

Doktor ASHOKA Jahnavi PRASAD

Die Behandlung von Eltern von

Troubled Erwachsene

Kinder

Einführung

Eine der häufigsten und schwierigsten Probleme

in der Psychotherapie zu sehen ist, dass Eltern in einer endlosen gefangen ,

vergeblichen Prozess der versucht, chronisch Ertrinken retten Erwachsenen

Kinder. Es gibt viele Gründe, warum diese erwachsenen Kinder sinken

unterhalb der Oberfläche , die am häufigsten von denen Drogen ,

anti-soziales Verhalten und wiederholte Versagen in Schule und Arbeit . die

Schmerzen dieser Eltern ist häufig qualvoll , aber in vielen Fällen

sie selbst sind wichtige Akteure in ihrer Kinder Schwierigkeiten .

Oft sind sie in Kontakt mit den Fehlern der Vergangenheit , real oder eingebildet : "Wenn ich du

Johnny hatte nicht zu dieser Phantasie Schule mit all den reichen Kinder schickte er

wäre nie so gekommen " , doch völlig blind

ihre aktuelle Rolle bei der Aufrechterhaltung Muster wiederholt ihr Kind

Versagen. Eine der schwierigsten Aufgaben in der Psychotherapie ist es,

bewegen, Eltern emotionale Fokus von Johnny für sich.

Sie fast immer auf die Therapie um Hilfe bei der Rettung von Johnny kommen

und sie wissen nicht wirklich , etwas anderes hören wollen. Wenn der Therapeut

hat nichts in diesem Bereich bieten , die Einrichtung einer

therapeutische Allianz ist nahezu unmöglich . Doch durch die Zeit, die

Eltern suchen Hilfe, sie wahrscheinlich gehört haben und habe bereits versucht

jeder Vorschlag der Therapeut denken zu bieten , ohne Erfolg.

Also, wenn die Rettung Johnny nicht möglich ist und Mrs. Smith will nicht

auf sich selbst zu arbeiten , ist sinnvoll, Psychotherapie möglich?

Manchmal ja und manchmal nein. In vielen Fällen ist es nicht, und die

Eltern verlassen , entweder ihr Elend zu leiden, ohne Hilfe zu finden oder

ein Therapeut, der ihnen noch sagen, einen anderen Weg zu Johnny retten.

Aber manchmal ein Bündnis kann auch in solchen unfruchtbaren Boden gebildet werden.

Die raison d'être der Behandlung von Eltern von Troubled Erwachsene Kinder

zu untersuchen und gemeinsam Wege, um die Wahrscheinlichkeit von diesem maximieren

passiert.

Der Schlüssel zu einem Kontakt, der in einem ersten Schritt dienen können

in einem therapeutischen Leiter, ist mit Schmerzen der Eltern einzufühlen.

Ihr Schmerz ist sehr real, häufig lacerating und tief. diese

Eltern haben ihre Kinder -at wurde angegriffen und verletzt

dest fühlt es sich so , selbst wenn sie das beabsichtigte Ziel nicht

ihrer Kinder Aggression. "Wie schärfer als der Zahn einer Schlange es

ist / Um eine undankbare Kind zu haben. " Man würde denken, dass

empathische , solche Schmerzen Therapie 101, noch ist es nicht. Es ist häufig schwierig, mit diesen Eltern fühlen ; vielmehr unmöglich erscheinen sie

in ihren Anforderungen an die Kinder-und Therapeuten gleichermaßen. Wie oft

habe ich versucht zu sagen: " Holen Sie sich Ihren Kopf aus der Kinder- Arsch

und vielleicht wird er eine Chance haben ", auch wenn in vollem Bewusstsein

dass dies sowohl grausam und sinnlos sein . Der Schlüssel zum

empathisch ist, auf den Schmerz , nicht auf die Defensive konzentrieren unausstehlich

dagegen.

Es ist ebenso wichtig, dass der Therapeut erkennen, die Komplexität

der emotionalen Kräfte, die Aufrechterhaltung der Rettungsverhalten und die

unbewussten oder halbbewusstenCharakter der meisten von ihnen. hierin

Hexengebräu aus brodelnden Emotionen , Angst, Furcht, Hoffnung ,

Hoffnungslosigkeit , Scham , Schuld, Liebe, Hass, Zorn, Wut , Trauer ,

verheerenden Gefühle von Verlust , Trauer , Todeswünsche ,

Verlegenheit und Wünsche für Erfüllungs Erfüllung und Erfüllungs

Rücknahme alle dazu beitragen, die Bitterkeit des Trankes . einem

bestimmten Fall die Ausgeprägt oder auch die Anwesenheit von jedem von diesen

Zutaten variieren. Aber im allgemeinen die meisten oder alle dort in sein

unterschiedlichen Proportionen in ihre Rolle ein gegenseitig Aufrechterhaltung spielen

destruktive Muster der Zusammenhang zwischen Eltern und erwachsene Kinder.

Wenn der Leiter einer therapeutischen Allianz kann bestiegen werden ,

jede dieser Emotionen oder der Script bewusst gemacht werden kann, und

durchgearbeitet . Keine leichte Aufgabe, aber nicht unmöglich .

Freud hatte eine Analogie , oder vielleicht besser eine Metapher , für eine erfolgreiche Psychotherapie oder Analyse. Er verglich des Analysanden " Feststecken " in einem unproduktiven neurotische Muster auf ein Boot, das von vielen Kabeln an ein Dock gebunden. Erst nach dem letzten Kabel freigegeben wurde oder von seiner Befestigung an der Anlegestelle wird das Boot Segel getrennt. Mutis gemäß nur nach jeder emotionalen Bindung an das Feststecken abgearbeitet ist wird der Patient frei, um sein Ziel zu segeln , oder, wie der aktuelle Spruch wollte es, dass frei, mit seinem / ihrem Leben bekommen zu sein.

Nur wenige Patienten sind als "festgefahren ", wie diese Eltern von erwachsenen Kindern und zappelte wenige Patienten werden durch so viele emotionale / Schrift Bindungen an ihre Feststecken gebunden. So Therapeuten die Arbeit mit diesen Patienten haben ihre Arbeit für sie ausgeschnitten . Aber wenn solche Patienten können bei der Behandlung beibehalten werden und der Schmerz der Trauer Hoffnung , die nicht verwirklicht werden kann ertragen werden , kann das Ergebnis eine Wiedergeburt der Freiheit.

Kapitel 1 : Commander Finkelstein

Er war sixtyish . Er sah , wie er in der großen Form , groß war

und dünne , makellos in seiner dreiteiligen Anzug , sondern gekleidet

schön, wenn auch mit abstehenden Ohren , irgendwie nicht Blick auf alle

wie die in der Regel gequält Psychotherapie Patienten. Er schien

selbstbewusst und rundum wohl . Ich fragte mich, was das gebracht

scheinbar unbeschwerte Mann in mein Büro . Ich fragte mich auch , was er

war ein Kommandeur . Er hatte sich selbst als "Commander eingeführt

Finkelstein, " die wie ein Oxymoron klang für mich . Ich wusste, dass

nichts über ihn ; Ich hatte keine Ahnung, warum er gemacht hatte, ein

Termin mit mir . Meine Fantasie war , dass er ein Brandmeister , aber

Brandmeister tragen normalerweise keine dreiteilige Anzüge oder rep Krawatten. Ich war

verwirrt und fasziniert. Er saß schweigend vielleicht zehn Minuten

in denen seine scheinbare Leichtigkeit wurde mehr und mehr suspekt.

Er war ein wenig zu gut zusammen , und er hielt sich ein wenig

zu fest , als müsse er zu verengen und enthalten eine unbekannte oder

zumindest bewusst unerfahrene Angst . Wie aus dem Protokoll

vergangen, verwandelt sein Gesicht aus zusammen etwas, was ich nicht konnte

ganz zu lesen. Was auch immer es ausdrückt , trotz seiner Bemühungen,

verraten nichts , dass " was auch immer" deutlich schmerzhaft. Im Laufe der Zeit

vergangen, begann seine Kämpfe , seine Gesichtsmuskeln zu zensieren zu scheitern und

Ich konnte seine Wut und seine Trauer zu sehen , scheinbar im Gleichgewicht . jeder

schien unendlich tief und im Krieg mit der anderen. So saß er nur

es mit seinem Gesicht abwechselnd Ausdruck seiner widerstreitenden Gefühlen .

Ich dachte, Finkelstein muss hier sein , weil er stecken , er kann

weder wütend noch traurig sein, und er muss beides sein. Ich stellte sich heraus,

falsch sein . Innerhalb dieses dreiteiligen Anzug Finkelstein war ein Hexenkessel

der brodelnden Emotionen und er konnte sie entstehen zu lassen ,

manchmal mit erschreckender Intensität . Aber ich wusste nicht, dass dann

und fühlte sich zunehmend unwohl , als ich ihn wartete .

Ich , um die Blockade zu durchbrechen war, als der Kommandant

sichtlich angespannt und in einem Ton, der irgendwie gleichzeitig war ein

stöhnen und ein Schrei , keened , "Herr Doktor, es gibt nicht viel in Nachas

meinem Leben. Nicht viel Nachas , und in der Tat überhaupt keine. mehr als

alles, was ich wollte , um Freude und Stolz auf meine Kinder , aber ich

kann es nicht. Meine Tochter tut sicherlich alles in Ordnung . Wenn ich nicht recht genießen

oder zu genehmigen , was objektiv sind ihre Erfolge ist , dass mein

Problem und ich weiß es. Aber ich bin nicht hier, weil Stacey -ich

Ihnen sagen, mehr über sie und unsere Beziehung später. Nein,

Problem ist Jeff. Meine verfickte Sohn Jeff , nur eine verdammte Katastrophe nach dem anderen, 30 Jahre alt und kann er seinen Arsch nicht wischen , ohne

immer Scheiße an den Händen. Gerade kam wieder - für gebrannte beiden

hundertsten Mal . Und meine verdammte Frau nicht helfen. Wenn er nicht auslöschen können

seinen Arsch wird sie es für ihn tun. Rettet ihn jedes Mal und sie ist

es getan, seit er ein kleiner Junge war. Nichts, nichts (fast

schreien) geht direkt Jeff - Schule , Jobs , Beziehungen,

nichts - er fickt alles, was er berührt. "

Larry Finkelstein vergrub sein Gesicht in den Händen und weinte

bitter. "Ist es so falsch , dass ich ein wenig Nachas - nur einmal sein

in der Lage, kvell [schwellen mit Stolz] anstelle von Stöhnen , wenn ich daran denke,

Jeff. Unsere Freunde - das hier ist Kinder an der Yale Law , dass die eigene Herstellung

es groß auf der Straße , und ich bin glücklich, wenn Jeff bleibt aus der Gosse .

Manchmal denke ich auch - zumindest ist er nicht in Sing Sing , zumindest

noch nicht . "

Larry begann wieder zu schluchzen , und ich dachte , wollen einige

Nachas - einige Freude und Stolz auf die Kinder - , ist das nicht ein

Universal Erwartung ? Natürlich will der Kommandant , und ich

spürte, wie etwas zwischen Mitleid und Mitgefühl für ihn. Dann habe ich

dachte, das ist viel zu viel über Larry und Larry Neid

spektakulär erfolgreich Kinder seiner Freunde , und fast nicht genug über Jeff und seine Schmerzen , und mein Einfühlungsvermögen fast abgelassen

entfernt. Sein Schluchzen aufhörte. Die qual Larry Finkelstein

verwandelt zurück in die Kommandant. Wieder einmal selbstbeherrscht ,

der Kommandant richtete sich auf und sagte: "Herr Doktor Levin , ich will -

müssen zu- machen eines ganz klar -ich bin hier nicht als ein

Patienten. Ich bin hier, um die Hilfe für Jeffrey - oder genauer gesagt, eine zu bekommen

Strategie für die Unterstützung Jeffrey . Ich wiederhole , ich bin definitiv nicht hier als ein

Patient und du das verstehen. "

Erinnern an Freuds einstweilige Verfügung , dass eine Leugnung ist oft ein

Affirmation , sagte ich, " Mmm, mmm . " Und unsere erste Sitzung beendet.

Obwohl es sich nur allzu vertraut , sehr selten so unverblümt

angegeben, die meisten Eltern der in Schwierigkeiten geratenen jungen erwachsenen Kinder, die zu konsultieren

mir ihre Söhne oder Töchter zu betrachten wie die Patienten und glauben, sie

sind nur dort zu " heilen " sie. Dennoch ist die Kommandanten

vehementen Behauptung, dass er nicht hier war , wie ein Patient nicht Augur

auch. Ich wusste, dass die Vehemenz, war zum Teil (wenn auch nur teilweise) ein

Reaktion auf seine gebrochenen Herzens Emotion ein paar Augenblicke zuvor .

Ich immer noch das Gefühl, dass er ein extrem schwieriger Fall zu sein. die

Formalität , die Gemeinheiten , die jiddische Volkstümlichkeit , und die Steifigkeit irgendwie nicht zusammen. Larry , Herr Finkelstein , und der Kommandant schien zu drei verschiedene Personen sein, und ich fragte mich, ob die Schwierigkeiten des Sohnes hatte nicht viel mit dem Fehlen eines integrierten Vater identifizieren zu tun.

Unsere zweite Session war radikal anders. Kommandant Finkelstein war sachlich, fließend und fast Konversation , noch nicht in Gefühl fehlt , wie er erzählte mir alles über Jeffrey unruhigen Leben und en passant über seine eigene .

"Es gab von Anfang an Probleme . Miriam ging in

Arbeit und konnte einfach nicht liefern . Nach dem, was gewesen sein muss ein lang

Qual für sie haben sie einen Kaiserschnitt . Das ging alles gut , aber dann ist die

just- beschnitten Jeffrey begann die Ablehnung seiner Milch. Wir dachten, wir

im Begriff waren, ihn zu verlieren , bis der Kinderarzt fand eine Kuh mit der

richtigen Gene - Enzyme - oder was auch immer es war, und begann Jeffrey auf

seine dritte oder vierte Formel . Dieses Mal arbeitete und er schien

werden Fein tatsächlich gediehen. Er war ein nettes Kind mit Ausnahme der Narbe auf

seine Wange , wahrscheinlich aus der Zange , als sie noch versucht,

die Geburt einzuleiten. Ich weiß, es ist das Leben schwerer für ihn gemacht , aber die Wahrheit

ist , dass es kaum spürbar. " Er machte eine lange Zeit, abgerissen

ein wenig, und fuhr fort: "Kaum spürbar oder nicht, Kinder können grausam sein, und manchmal waren sie . "

" Jeffrey hat alle Rechte als Kleinkind - zu Hause, sowieso und die üblichen Benchmarks normal erreicht . Er war sicherlich geliebt , manchmal frage ich mich, ob nicht zu viel. Aber er war ein verdammt nettes Kind . Dann etwa fünf Jahren , begannen die Dinge sauer . "

"Ich war nicht um viel in diesen Jahren -ich werde Ihnen alles über mich in einer Minute , aber Miriam erzählte mir, dass Jeffrey oft vom Kindergarten nach Hause kam, weinte. Der Lehrer sagte er aggressiv mit den anderen Kindern war , und sie rächte . Miriam , natürlich, die Schuld der Lehrer und sagte mir, dass das Problem war, dass die Cliquen wurden bereits gebildet, wenn unser Kind in den Kindergarten kam . Das war Bullshit, oder zumindest nur ein Teil der Geschichte . Verdammt sie, immer Ausreden und Rettung Jeffrey out- von Anfang an . Es hat nicht geholfen. "

" Und ja, was ist mit dem Vater? Wo war er?

Die Verteidigung der fuckin ' Land , das ist, wo er war! Ich werde Ihnen sagen,

wie ich in der Marine. Ich wuchs in einer kleinbürgerlichen Teil

die Bronx - Kikes , micks und wops - nicht viele mit sehr viel

Geld. Mein Vater war eine Art Taugenichts gut einer Art

Vorfreude auf Jeffrey . Er hatte tausend Unternehmen und ich

frage mich, ob er nicht eine Art von Verbindung mit dem Mob.

Manchmal waren wir unerklärlicherweise bündig . Dann , als ich zehn war er

plötzlich starb. Niemand hat je darüber gesprochen . Es war wohl

eine Beerdigung , obwohl ich mich nicht erinnern, ein , und es gab keine Shiva.

Bis zum heutigen Tag wird meine Mutter nur sagen: " Eines Tages fiel tot er.

Wer weiß, warum ? "Ich spürte seinen Totenschein - , sagt er

starb an einem Herzinfarkt. Ich glaube es nicht , ich nie . Kann ich nicht sein

sicher, aber ich fühle , fühlen sich zutiefst , dass er sich umgebracht . Wenn er ein

Selbstmord ich mit Schaudern daran denken, was das für ahnen konnte

Jeffrey . "Und der Kommandant tatsächlich trotz seiner schauderte sogar getönten Erzählung.

"Meine Mutter - sie ist sehr hell und hart gearbeitet, in ein

Arztpraxis, ging an Bronx Gemeinschaft in der Nacht, und

schließlich Gott uns helfen , alle Dinge verdammt , wurde ein Sozial

Arbeiter. Ich bewundere meine Mutter. Sie hat Mut und Mut auch jetzt

in ihren Achtzigern , aber sie ist nicht die Dr. Freud des einundzwanzigsten

Jahrhundert, dass sie denkt, dass sie ist. Sie lehrte uns alle über die Aktivierung

dabei jedoch größten Enabler von allen. So oft wie

wir ihr sagten , bat sie , nicht auf Jeffrey Geld zu geben , sie zu tun, es hält . Sie ist definitiv ein Teil des Problems , und ich weiß es , und ich kann eine verdammte Sache über sie nicht. " Finkelstein schlug mit der Faust in die Handfläche.

" Zurück zu mir. Ich war ein Kind und ein helles wütend ein . Ich begann

running wild in der Junior High und war ein vollwertiger Delinquenten durch

High School. Ich war in eine Bande , wir haben Autos auf Freude -Fahrten und hat ein

paar Einbrüche . Keine Gewalt , die wir nie jemand verletzt . und ich

war eine seltsame delinquent . Ich liebte Mathematik und hatte die besten Noten in der

mein Lateinunterricht ja, Latein , ich liebte es . Wir haben uns für die gesprengt

zweiten Mal und der Richter gab mir die Wahl des Service - oder

Reformschule . Ich entschied mich für die Marine und der Richter ließ mich Abschluss

bevor sie in. Ich habe noch nie in Schwierigkeiten seit. "

"Aber seltsam , das ist ein Problem für mich. Da wandte ich mich

mein Leben um nach ein paar Jahren des acting out Ich glaubte,

dass Jeffrey könnte und würde sein Leben zu drehen . Das ist schon

eine Illusion, eine schmerzhafte Illusion. Ich glaube, dass es immer noch die Hälfte , obwohl ich

weiß, es ist nicht wahr. Seine jüngere Schwester nach dem gleichen Muster .

Nach dem College zog sie nach Fourth Street und der Avenue D vor

das East Village wurde gentrified - lebte in Elend , schlief mit

alles in Hosen und blieb für ein paar Jahre gesteinigt. dann

traf sie den Jungen Dichter. " Der Kommandant , spottete :" Sie ist verheiratet

ihn jetzt . Seine Poesie ist schrecklich. Ich bin ein ziemlich belesen Kerl und ich

kann nicht sinnvoll einer Linie davon. Dann schrieb er einen Roman , eine Art

zwanzigsten Jahrhunderts auf der Straße mit " ficken " in jeder Zeile und

Ficken auf jeder Seite , und es traf . Er hat eine Menge Geld , bekam einen

Lehre Arbeit in einer Westchester Junior College und zog nach

Scarsdale . Ich mag ihn nicht . Ich habe nicht von ihrem Leben in der billigen

East Village und ich weiß nicht genehmigen ihres Lebens in Scarsdale . Ich weiß,

Ich bin zu urteilen , aber das ist weder hier noch dort . Stacey ist ein

macher , oder was auch immer das weibliche Pendant ist , in der Schwesternschaft

ihre Tempel und sie hängen in einem literarischen Menge Kriecherei

Reisigbündeln . Ich weiß nicht wirklich, was sie mit ihren Schwänzen zu tun oder

Arschlöcher. Es ist die Anmaßung und Falschheit , die mich bekommt . sie

Country-Club -Set ist noch nüchtern . Sie sind beide leere Hüllen ,

ein Pseudo- Ästheten und der andere , weiß ich nicht, was. Der Punkt

von all dem ist , dass sie mir falsche Hoffnung - Hoffnung für Jeffrey - Hoffnung

dass wie ich und wie Stacey würde er es machen. noch mehr

entmutigend , Erfolg seiner Schwester gab ihm das Gefühl schlechter zu

sich selbst , er kann nicht helfen, den Vergleich und die wissen, dass er kommt

kurz. Ich versuche, meine Verachtung für meine unter Verschluss zu halten Sohn -in-law , und ich bin ein
anständiger Opa - sie haben zwei Kinder , wenn auch ohne viel Gefühl für sie. Ich bin pflichtbewusst ,
anstatt liebevoll und ich richte mich dafür . Stacey aber nicht das Problem ist . Sie macht mich nicht
ernsthaft unglücklich. Sie sind glücklich , was ich von ihrem Leben. Das Problem ist, Jeffrey . "

Ich war der Kommandant sehr viel an diesem Punkt nicht zu mögen

und klar hat Töchter nicht viel wert in den Nachas

Rechnung. Der Kommandant fort, " Zurück zu mir. Ich liebte die

Navy ; es war eine Mutter und Vater zu mir. Ich habe sehr gut . Da meine

Tour zu Ende war nahm ich einen Schuss auf immer in die Akademie , und

mit einer starken Unterstützung der Brief von meinem CO, wurde angenommen. Ich habe

sehr gut und schloss in der Nähe der Spitze meiner Klasse und

des Seins ein Admiral geträumt. Dr. Levin, du mich suchen

wie Sie denken, ich bin wirklich verrückt , wirklich grandios. Ich bin es nicht. Ich wusste, dass die Chancen waren lang, aber es war nicht unmöglich. Ich hatte die Sachen zu tun

es , wenn ich die Pausen die ich brauchte. Ja, aber was ist mit Antisemitismus

in der Marine ? Wie viele Admiral Finkelsteins wissen Sie ,

Sie denken. Lassen Sie es mich so , Doktor. als Jude

nicht machen meine Karriere nicht leichter. Doch es war Kommandant

Levy Weg zurück in das neunzehnte Jahrhundert , die Jefferson gerettet

Monticello vor dem Ruin , und Admiral Rickover - Stich , dass er

war - und Admiral Burke, der Leiter der Stabs wurde er getötet

selbst , wenn. Also meine Anstieg um allgemeine Offizier möglich war. "

Ich fragte mich, was los war . Suicide erneut, dieses Mal von einem jüdischen Offizier , mit denen meine Patienten identifiziert ? Wer war ein Selbstmordrisiko? Der Vater oder der Sohn ? Alle, die kaum enthalten Wut hat kein gutes Omen .

" Meine Karriere voran sogar besser als ich gehofft hatte . Ich habe

haben manche Töten auf dem Weg - das war , was ich trainiert

zu tun , und ich glaube nicht, dass ich jeden Konflikt darüber. Ich stieg auf die

Rang eines Kommandeurs , der Marine Äquivalent von Lieutenant Colonel.

Dann traf ich eine Backsteinmauer. Ich wurde über drei Mal für geben

Beförderung zum Hauptmann und unter der bis -or- out-Politik gezwungen wurde

in den Ruhestand. Ich war erschüttert. Meine ganze Welt zusammengebrochen. Ich versank in eine

bodenlose Depression. Ich war jetzt nach Hause , und doch absolut nicht zur Verfügung

Jeffrey . Es muss schrecklich gewesen sein für ihn , und ich blieb in der Grube

für mehrere Jahre. Meistens Jeff ist der Autor von seiner eigenen Elend , aber

Ich verließ ihn und ich weiß es. Ich habe nie wirklich schüttelte meine Schuld . Ich weiß nicht

denke viel schrumpft , vor allem mit meiner Mutter die zweite

Doktor Freud. Am Ende, das spielt keine Rolle hat . Ich hatte keine Wahl . Ich ging um Hilfe. "

Ich dachte, dass die ersten Adjektive, um den Sinn zu kommen,

beschreiben, der Kommandant nicht " politisch korrekt " oder

" Nonjudgmental . "

"Ich hatte Glück . Meine Therapeutin war groß. Außer mir reden

in gehen auf Anti-Depressiva , das Wichtigste, was er tat

war , mich zu überzeugen , dass ich eigentlich ganz gut getan - die

unruhigen armen jüdischen Kind zu einem Kommandeur in den Vereinigten

States Navy ist keine Kleinigkeit , und ich habe eine starke, liebevolle

Ehe. Miriam und ich sind wunderbar zusammen , die sich mit

Jeffrey vorbehalten. So langsam nahm ich mich selbst , trauerte die Marine,

und ging weiter. Erst später habe ich erfahren, dass Miriam und unsere

Hausarzt erwogen ECT [Elektroschocktherapie] .

Wir - die schrumpfen und durch eine Menge Schmerz der Kindheit I- gesprochen , eine

viele alte Mist auch , und nach drei Jahren Therapie war ich ein voll

funktionierenden Erwachsenen wieder . Ich würde wieder in dieses David gegangen

Zeit, aber er tot ist. "

Oh shit war mein Gedanke. Ein anderer Vater tot ist. Ich hatte nicht das Herz, um zu fragen, ob sein Therapeut war ein weiterer Selbstmord. Ich hatte auch meine Zweifel , dass Kommandant Finkelstein hatte abgeschlossen Trauer um den Marine. Schließlich hatte er sich als Kommandant Finkelstein eingeführt hatte . Aber dann wieder , der schon einmal erfolgreich trauert um nichts ?

Der Kommandant fort, " Navy Renten sind nicht groß ,

und Miriam -oh , sie ist ein weiterer Sozialarbeiter - Didnt machen eine Menge

entweder . Ich musste etwas tun. Ich hatte seit meinem gearbeitet

Zusammenbruch. Was ich tat, war einschreiben in ein MBA-Programm mit Schwerpunkt

in der Buchhaltung. Mathe hat mir in meiner Delinquenten noch nicht gescheitert , nicht

Jugend, nicht an der Hochschule , in der Marine, und nicht in der Graduate

Schule. Allen Widrigkeiten zum Trotz , tief im Mittelalter ohne Geschäfts

Erfahrung was auch immer, landete ich einen Job bei einer der drei großen

Wirtschaftsprüfungsgesellschaften . Ich war perfekt für sie . Meine Erfahrung Navy

machte mich zu einem natürlichen Umgang mit Rüstungsunternehmen , und ich war

auf Befehl verwendet, so dass die Überwachung andere war zur zweiten Natur . Ich erhob mich

ungewöhnlich schnell gemacht und Partner. Das war eine Entschädigung

ist, um über für Captain vergangen, und ich machen ein gutes Geschäft von

Geld , weit mehr , als ich dachte , das ich je tun würde. Es ist nicht das, was ich

begann zu tun , aber ich viel Befriedigung nehmen in meiner Arbeit. "

Der Commander ist in der Tat vielfältig , dachte I. Die Stationszimmerder Sprache, die jiddische Slang, der wirtschaftliche Erfolg , der Sozialarbeiter - Frau , was für ein Paket.

" Lassen Sie mich Ihnen eine Checkliste , oder besser ein Fitness- Bericht : Frau A +, die sich mit Jeffrey vorbehalten , Ehe A +, A- Job , Beziehung mit Tochter und Enkelkinder B- , Gesundheits- A, Beziehung Selbst B + . So können Sie sehen , warum ich will nicht der Patient hier zu sein. Dann gibt es die schwärende Wunde - Jeffrey -F zwei Minus , die sich mit dem. Ich hasse es zu sagen oder auch denken, es aber manchmal wünschte ich Jeffrey sterben würde. "

So endete unsere zweite Sitzung. Viele Eltern von chronisch

kämpfen, erwachsene Kinder beherbergen Todeswünsche gegenüber denen,

Kinder, aber ich habe noch nie gehört, sie so unverblümt ausgedrückt. in der Regel

es braucht viel Therapie Tod Wünsche bewusst zu machen , ein wichtiger

Schritt , damit sie nicht in selbstzerstörerischer Weise gehandelt werden. die

Kommandant war ein Patient , dass alle Selbsterkenntnis , sondern

machtlos zu einem seinem Elend zu verringern. Ironischerweise trotz selbst, diese selbsternannten Nicht Patient wurde umarmt patienthood mit einer Rache.

Unsere nachfolgenden Sitzungen konzentrierte sich auf die unruhigen Sohn Jeffrey . Der Commander selten zu sich selbst oder andere Familienmitglieder bezeichnet , es sei denn in Bezug auf Jeffrey . Jetzt war er auf jeden Fall definieren sich selbst als nicht den Patienten.

" Jeffrey Art bekam von in der Grundschule . Nicht viele Freunde.

Immer ein Außenseiter. So-so -Typen . Ich erinnere mich, er konnte nicht die

hängen von langen Teilung , so dass wir einen Hauslehrer bekam . Er wollte lernen , aber es war

immer ein Kampf . Und er war wirklich schlecht pinkeln im Sport . Alles in allem ,

keine erfolgreiche Kind. Miriam bestand er darauf, nehmen Klavier. Er war schrecklich.

Die Musiklehrerin war eine echte Ver - Fotze - alles gesagt , dass die Eltern

tataleh wäre der nächste Horowitz sein . Am Ende des Jahres Erwägung ,

alle Kinder waren schrecklich und erschreckend Jeffrey war schrecklich. Ich war

peinlich . "

" Mittelschule war noch schlimmer. Er ist wirklich in gefickt

Schule , fing an, uns liegen , noch nie ein verdammt wenig Hausaufgaben gemacht haben.

Er kam nach Hause mit allen Fs . Ich versohlt ihm wirklich hart auf dem nackten

Arsch mit einem Gürtel. Es war das einzige Mal, dass ich ernsthaft getroffen irgendein meiner

Kinder. Bis dahin Miriam war so verärgert , insbesondere durch die

liegen , dass sie die Prügel begünstigt. Ich glaube, ich fühle mich schuldig

und manchmal fühle ich mich schuldig, weil ich ihn nicht mehr zu disziplinieren.

In jedem Fall , Spanking tat nicht gut. Jeffrey weiter zu lügen, nicht zu tun

seine Hausaufgaben und scheitern. Die Wahrheit war, das Kind war ein totaler Verlierer.

Es gab nicht eine verdammte Sache, die er gut im akademischen war ,

soziale, künstlerische oder kreative . Ich schämte mich zu schämen

ihn . An diesem Punkt haben wir im Wesentlichen aufgegeben und versendet ihn ein

Internat . Erstaunlich , es tatsächlich funktioniert . Jeff hatte mehrere

erfolgreiche Jahre spielte einige Fußball, seine Kurse bestanden hatte

Freunde. Wir waren erfreut ; dann in seinem ersten Jahr riefen wir habe

durch den Schulleiter . Jeff wurde für das Rauchen ausgewiesen und

wahrscheinlich um Topf. Als ich ging , um ihn abzuholen ging ich in

eine solche Wut, die ich brach alle Möbel in seinem Zimmer. die

Enttäuschung zerdrückt mich . Miriam , natürlich, verteidigt ihn

wurde die Schule überreagiert , etc. Ich war wütend auf sie. ein anderer

Zeit , bevor wir ihn in ein Internat , in das ich getreten

Fernsehen setzte er sich vor die ganze Zeit , anstatt seine

Hausaufgaben. Ich glaube nicht , dass Dinge wie mehr tun. Auf Miriams

Beharren , ging ich durch eine Wut-Management- Programm , nachdem ich brach die Möbel. Ich weiß nicht, wie der Teil von mir, die Kontrolle verloren , aber das scheint wie alte Geschichte. "

" Jeff war in der Schule wieder aufgenommen und schaffte es, zu absolvieren. Er wurde von vier Hochschulen ausgegeben, bevor wir genug und bestand er darauf, zur Arbeit gehen. Das ist vor fast zehn Jahren , und er war nicht in der Lage, einen Job für längere Zeit da zu halten. Jeff trinkt zu viel, raucht zu viel Unkraut , hat sich in der Kleinkriminalität gewesen ist, hat in tausend Therapien erfolglos gewesen , stiehlt von uns, liegt an uns , uns hasst , und hängt von uns ab . Ich glaube nicht, dass Alkohol und Topf sind seine eigentliche Problem , auch wenn sie nicht helfen . Sie sind eher ein Symptom als eine Ursache. "

"Er zeigt sich bei Familienfeiern und manchmal süß

und liebenswert , andere Male schrecklich schrecklich. Das Schlimmste war,

Beerdigung Miriams Mutter. Er hat tatsächlich Geld von seinem gestohlen

Beutel der Mutter an der Shiva. Ich möchte alle Verbindungen mit Jeffrey trennen , aber

Miriam geht ballistische . Sie hat Angst, er werde sich umbringen . und er

könnte . Wenn er nicht wie ein Arschloch handelt, geht er in beängstigend

Immobilisierung Depressionen. Ich bin auch erschrocken . Sicher, dass ich manchmal

wollen, dass er tot ist, aber vor allem möchte ich ihm Glück zu finden . "

" Nachdem ich übergangen und ich gemerkt am alle meine Hoffnungen

Jeffrey ich wusste, es war verrückt zu denken, er würde für Admiral machen mich . Doch ich konnte nicht umhin zu denken, es . Ich habe nicht gedacht, dass so -

sogar unbewusst Ich glaube nicht , da meine Therapie. Aber das war

eine schreckliche Sache, um Jeff und ich weiß es. Und im Laufe der Jahre sowohl

von uns hatten völlig unrealistische Erwartungen . Das war auch grausam.

Jetzt wollen wir nur minimale Stabilität und ein gewisses Maß an Frieden

Jeff. Wir haben nicht die geringste Ahnung, wie man ihn dabei zu helfen

Punkt . Wir haben wirklich alles versucht. Ich weiß, er muss es tun

sich . Ich weiß auch, er kann es nicht alleine schaffen. Ich fühle mich völlig hilflos . ich

fühlen sich niedergeschlagen. Wie ich schon sagte , nicht viel Nachas . "

Der Kommandant ließ sich in seinem Stuhl zurück und fragte: " Können Sie mir helfen Jeffrey helfen ? Das ist, was ich bezahle Sie . Das ist, was ich von dir will . "

Glücklicherweise haben wir keine Zeit mehr hatte, denn ich fühlte mich so hilflos wie

der Kommandant . Ein Fall von projektiven Identifizierung vielleicht in

denen der Kommandant induziert seine Hilflosigkeit und Hoffnungslosigkeit

in mir. Wahrscheinlich wahr , aber wenig oder keinen therapeutischen Wert. die

Problem war, dass die Kommandanten der Verzweiflung über sein Sohn war alles zu

Realität und er sich darauf, dass er nicht wollte, war zu

Arbeit auf sich. Die übliche Vorgehensweise wäre es, davon zu überzeugen, die

Eltern , dass sie nur dem Kind zu helfen , wenn sie selbst

geändert. Das funktioniert oft , aber ich war überzeugt , dass eine solche

Ansatz würde mit dem Kommandanten zu bombardieren. Die eine Sache , die schien potentiell hilfreich war, Denken oder Adressierung zu stoppen,

Larry Finkelstein als Kommandant . Das erwies sich als unerwartet

schwierig. Ich habe entscheiden, sich zu erkundigen , warum er auf seinen Marineranggehalten

so hartnäckig , wenn eine Gelegenheit bot . Aber es schien nie zu .

Ich habe gehört, hatte fast alles - "es" bedeutet, die emotionale

Inhalt - vor : die Angst , die Hoffnung , die Verzweiflung , die Wut , die

Schuld, die unrealistische Erwartungen , die Liebe und der Hass . Was ich

noch nicht gehört hatte war das Kommandanten Verachtung ausgedrückt

für seine Kinder , vor allem Jeffrey . Ich wusste, dass die Verachtung war

zumindest teilweise defensive , aber es war da und es war echt. da

wurde keine Möglichkeit Jeffrey konnte nicht , dass Verachtung und Gott gefühlt haben

nur wusste, welche Auswirkungen , dass das Wissen über ihn hatte. Vielleicht

war ein Weg , um wieder in - Finkelstein Verachtung widerspiegeln und ließ ihn

reagieren. Aber ich konnte nicht , dass ohne eine starke therapeutische Allianz zu tun ,

das gab es noch nicht . Um zu reflektieren oder einen Kommentar auf seine Verachtung

konnte nur seine Schuld zu erhöhen , zu keinem Zweck . Ich war wirklich zunichte gemacht.

Der Kommandant wusste zu viel und nichts wußte.

Zwischen den Sitzungen hatte ich einen seltsamen Traum . Ich begann darüber nachzudenken,

von Blanchard und Davis, zwei All-American Running Backs in der

fünfziger Jahre, als West Point war ein Fußball- Kraftpaket. Blanchard

wurde bekannt als Mr. Outside , bekannt für sein Ende läuft , während

Davis war ebenso bekannt für seine Off- innen bekämpfen stürzt . nicht

Zweifel Finkelsteins Rede von der Naval Academy brachte Herr

Aussen-und Innen Herr in den Sinn . Die Arbeit mit Eltern von

chronisch unbefriedigend erwachsenen Kindern , muss der Therapeut zu sein

sowohl Herr Außen-und Innen Mr. und angesichts der Schwierigkeit, die

Arbeit , hatte er oder sie am besten auf der All-American -Ebene spielen. Ich würde

viel lieber Herr drin sein , gehen bis gegen die Verteidigung,

aber ich wusste, dass das nicht möglich ist, zumindest für jetzt mit Finkelstein .

Also beschloss ich, für ein Ende laufen gehen und konzentrieren sich auf Strategien für

" Fixierung " Jeffrey .

Oft Eintritt in die Muttergesellschaft (en) in dieser Weise ist eine wirksame

entrée erleichtert die Einrichtung einer therapeutischen Allianz . aber

zuschauen. Es ist allzu einfach, die Funktionsstörung des replizieren

Eltern und werden Sie Teil des Problems statt Teil der

Lösung . Also beschloss ich, an diesem Ende laufen gehen , in der Hoffnung , es würde nicht nimm mich direkt aus dem Stadion. Aber ich wollte nicht auf diesen Lauf gehen

sofort . In unserer nächsten Sitzung war meine erste Frage: " Sie haben

wurde mit Jeffrey kämpfen immer. Warum haben Sie sich anrufen

mich jetzt ? "

" Gute Frage , Doktor. Jeffrey Freundin er immer

eine Freundin hat . Er hat kein Problem, Frauen anzuziehen. Er hat nur

kann nicht an ihnen festhalten genannte Miriam zu ihr sagen, Jeffrey war in ein

wirklich schlecht , nur herumsitzen in einem halb Stupor , Essen kaum

alles und nicht Baden. Jeffrey muss in einem seiner gewesen

periodischen Depressionen - we've hatte ihn mehrmals ins Krankenhaus einweisen zu ,

oder vielleicht auf einem Kokain - Crash , er ist ein sporadischer Nutzer . Ich hätte

ließ ihn schmoren , aber Miriam bekam hysterische , sicher, dass die shiva

würde morgen sein. Wenn mein alter Schrumpf lebendig wäre, würde ich

rief ihn zurück , aber er ist es nicht. Miriam schlug vor, Sie - Sie haben ein

Ruf als Drogenmissbrauch Maven , also rief ich . Ich denke,

Jeffrey Substanzgebrauch ist tangential, aber ich könnte falsch sein, und ich

dachte, Sie würden wissen, wie man eine Intervention zu tun, um ihn in zu bekommen

irgendwo . Sobald ich zu sprechen begann, es fühlte sich gut , so dass ich kam immer

zurück . Inzwischen Jeffrey Art schnappte aus ihm zumindest so sein

Freundin berichtet , und er ist zurück in seine elende Grundlinie. "

Ich dachte, die Medikamente vielleicht nicht so tangential sein und war

begeistert zu erfahren, Finkelstein bekam eine gewisse Erleichterung von mir zu reden .

Vielleicht gab es eine Mini- Allianz zwischen uns. Also habe ich beschlossen zu gehen

aus zu bekämpfen, gehen hinein vor meinem Ende laufen . Ich forderte Larry : "Sie

Jeff beschreiben als all-out , across-the -board Verlierer. Das ist nicht

möglich . Jeder hat Stärken . Was sind Jeffrey ? "

"Nun, er ist sicher gut darin Muschi, immer war. Und er ist lustig - hat eine echte Off-Marke Stil der Humor - lacht über sich selbst , ohne dabei sich selbst nach unten. Und er hat eine Sache, mit der Natur. Er ist wirklich ein ganz gutes Naturbursche - Wohnmobil, Schwimmer, Wanderer - er ist gut bei allen solchen Sachen. "

Ich forderte noch einmal. " Warum sagen Jeff bekommt viel Muschi statt etwas , wie er immer in der Lage , um Mädchen, die ihn interessieren , die offenbar wahr ist anzuziehen? "

Larry sah verblüfft . "Du hast Recht . Ich setzte ihn ab , ohne zu wissen, ich mache es ", antwortete er.

Es war Zeit für den Endlauf . Ich sagte: " Herr Finkelstein - " Er unterbrach zu sagen:" Rufen Sie mich an Larry . "

"Warum nicht zumindest versuchen wir , kommen mit einem Plan, um Jeffrey in eine bessere Situation zu bekommen ? Halten Sie Ihre Erwartungen nicht zu hoch , auch nicht existent. Ich werde immer wieder daran erinnern Sie , um sie niedrig zu halten und wir tun, was wir können. "

Larry unterzeichnet am und im Laufe der nächsten zwei Monate die zwei von uns versucht, eine geeignete Einrichtung zu finden. Es war klar , dass Jeff benötigt langfristige , strukturierte , Wohn-Behandlung, die Abhilfe , Bildungs-und Berufsausbildung angeboten . Das würde die Alkohol -Drogen-Probleme in der Schwebe gebracht und die Möglichkeit bieten, seine Depression behandeln und verbessern seine Sozialisation Fähigkeiten . Jeff hatte eine gewaltige Menge an Nachholbedarf , und wie viel möglich war, war ein großes Fragezeichen .

Ich schlug vor, Frau Finkelstein zu uns. Larry sofort

dies abgelehnt und sagte: " Miriam weigert sich , mehr zu tun

Therapie. Wir haben in der Paarberatung , Familienberatung gewesen ,

Elterngruppen - Sie nennen es und nichts davon hat geholfen. Außerdem

Ich will sie nicht hier . Sie würde nicht hilfreich sein , oszillierend

zwischen Ausreden und Hysterie . " ließ ich die Idee.

Ich Erikson Entwicklungsschema ein sehr nützliches Werkzeug finden

für das Verständnis , wo chronisch andernfalls Erwachsenen gehen von der Strecke

Sanierung und wo muss man anfangen soll. Bei Jeffrey ich nie

sah den " Patienten", was eine Bewertung umso schwieriger . aber

einige Dinge waren klar. Von Jeff Geschichte gab es deutlich

Schwächen und Fixierungen bei Erikson frühen Stadien des Vertrauens gegenüber

Misstrauen , Autonomie gegen Scham und Initiative gegen Schuldgefühle. noch

sein Hauptdefizitfast sicher in Erikson Industrie residierte

Unterlegenheit gegenüber der Bühne , eine Überarbeitung von Freuds Latenzphase .

Wir reden über Alter sieben bis zwölf reden , etwa . Hier

Kinder erwerben die Fähigkeiten Überleben ihrer Kulturen. Jeffs

Erwerb war schwach und voller Löcher, so war dies der Ort,

zu beginnen, um diese Defizite irgendwie sanieren . Die Diagnose war

klar, die Behandlung weit davon entfernt. Unnötig zu sagen, auf eine solche integrierte

schwachen Fundament , späteren Stadien der Identität Erikson , Intimität und

genitivity waren Jeff höchst problematisch . Ich finde, viele, wenn nicht

die meisten, chronisch andernfalls Erwachsene haben massive Defizite in der wie -

Fähigkeiten sollten sie in dieser Phase , die sie erworben haben, setzt

für stürmische Teens und schwachen Sinne von Identität. die

Zwölf-Schritte- Programme sind genau auf Kurs , wenn sie sprechen

geben ihre Mitglieder " Werkzeuge für das Leben . "

So Larry und ich hatte einen Plan und etwas von einer Allianz -

eine Vorstellung , wo die Dinge wurden aus den Schienen gehen und eine Vorstellung

was zu tun ist . Implizit , hatte ich auch gegeben Larry eine kognitive

Struktur, die Ordnung ins Chaos des Lebens seines Sohnes gemacht , ohne

Schuld , Schuldzuweisungen oder Selbstbelastung . Im Laufe der Zeit gingen wir

von dem, was die englische Wilfred Bion -Analyst als " Grund

Annahme -Gruppe , "das ist ein Prozess mit primären emotionalen Denken, zu einer " Arbeitsgruppe ",
das ist eine mit einem Problemlösungsorientierung . Normalerweise wollen viel Emotion in der Therapie ;
in diesem Fall weniger war .

Aber wir hatten noch zwei große Probleme : Es gab keine Möglichkeit , die perfekt oder auch nur
annähernd Jeffs Bedürfnisse erfüllt , und Jeff war nicht an Bord . In der Tat, hat er nicht einmal wissen,
dass es war ein Zug an Bord.

Schauen wir uns diese beiden . Die erste ist riesig. Eltern

Umgang mit schwierigen erwachsenen Kinder haben nur sehr wenige , wenn überhaupt , Orte

zu drehen. Das ist tragisch und ein großes Versagen unserer Gesellschaft. Es kann nicht

von den Eltern oder von Therapeuten allein behoben werden. Die Lösung ist

politische und wirtschaftliche , nicht emotional oder familiär . Es sind keine mehr
gemeindepsychiatrischen Zentren wie diejenigen, die in den sechziger und siebziger Jahren entstanden ;
wir brauchen, um sie wieder herzustellen. Ich habe keine generische Antworten. Das Beste, was
Therapeuten die Arbeit mit diesen Eltern tun können, ist die Kenntnis der Mittel und Einrichtungen , die
verfügbar sind zu erwerben.

In der Finkelsteins " Fall gab es ein Vorteil, die meisten nicht haben , nämlich genügend Geld . Ich habe
die Eltern von Bankrott Senden eines Kindes durch eine vierte Reha gesprochen. Dennoch , die
finanziellen Mittel kann buchstäblich den Unterschied zwischen Leben und Tod sein.

Jeff beste Chance wurde die Eingabe eines Austen - Riggs - Typ

Anlage , das heißt, eine, die langfristige stationäre Behandlung bietet , ist psychodynamisch orientierten , hat ein umfangreiches Freizeitprogramm

dass dient als Vehikel , um diese " Fähigkeiten für das Leben " Angebote erwerben

entsprechende Psychopharmakologie und hat eine aktive " Alumni

Programm ", um die in der Einrichtung erworben Gewinne zu erhalten. Es gibt keine

mehr viele solcher Einrichtungen , aber ein paar überleben. Larry Gültigkeitsbereich ein

aus und bestimmt , dass sie einen Patienten mit Jeff zu nehmen

Geschichte. Und Larry könnte es ohne lähmende die Familie leisten .

Die nächste Herausforderung war es, Jeffrey dorthin zu gelangen. Ich sagte Larry , dass er

hatte zu glauben und zum richtigen Zeitpunkt , um Jeff zu vermitteln, dass ohne

Sein selbstzerstörerischen die Familie alles tun würde, und

alles, was sie konnten, um die Gesundheit und nichts zu unterstützen, unterstützt

Dysfunktion. Wir haben uns entschieden , eine Intervention zu organisieren. die

therapeutischen Hebel war Geld. Jeff war immer noch finanziell

abhängig von seinen Eltern und seiner Großmutter. An diesem Punkt musste ich

bringen Mutter und Großmutter und überraschenderweise , boten sie

keinen Widerstand gegen die Teilnahme an einer Intervention . In ihren Köpfen

das war keine Therapie und es war nicht eine schlechte Sache.

In unserem halbes Dutzend Probe Treffen schlug ich weg an

das Thema, das Geld an Jeff war Mord . Es war buchstäblich

ihn , indem sie es ihm möglich, die Halbwertszeit er leben töten lebte und dies galt auch dann, wenn Alkohol und Drogen waren ein

geringen Teil seine Schwierigkeiten . Wir hatten geplant die "event . " Durch die dann

die aktuelle Freundin verlassen hatte . Jeff wurde gerade noch vorhandenen ,

Sie hängen ziellos . Bei der Veranstaltung (d. h. , strukturierte

Konfrontation) , war er nicht hoch oder gesteinigt. Er kam ohne Kampf

und in dieser Nacht in die Wohn-Programm . Er blieb ein Jahr ,

ging dann zu einem anderen, outdoor-orientierte Programm im Westen

für ein weiteres Jahr , kehrte Osten, und mit Hilfe einer Berufs

Berater bekam einen Job als Assistent Park-Ranger . Mit meiner Zustimmung ,

die Finkelsteins kaufte ihm ein Haus in der Nähe des Parks aber nicht

unterstützen ihn . Er ist auf antidepressive Medikamente Fort-und

sieht eine Sachbearbeiter -Typ- Berater einmal im Monat. Seine Aufgabe ist es nicht

besonders herausfordernd , aber es hält ihn in Kontakt mit der Natur. er

hält Wegen, führt die Besucher herum und sammelt Daten über

Tierwelt. Die Frauen immer noch kommen und gehen, aber er hat ein paar gemacht

Freunde und sein Vater sagt, er erscheint Gehalt . Sie sehen nicht,

einander oft . Jeff hält er auf Distanz , wahrscheinlich mit Bedacht aus.

Was ist mit dem Kommandanten ? Ich bin sicher, dass er noch immer fantasiert

Jeff immer Innenminister , aber er sie für sich behält .

Mit meiner Ermutigung, die er sieht mich immer noch auf einem selten pnr

Grundlage und ist in der Lage, etwas Stolz in Jeff spielt eine Hand nehmen

auffallend frei von Asse recht gut . Und er sagt mir, seine und

Miriam Sexualleben (mit einer Erhöhung von Viagra) ist immer noch " Dynamit. "

Jeffs eher schizoiden Einstellung ist weit besser als ich oder jeder objektive Beobachter , würde
vorausgesagt haben , nicht mehr mit zu handeln, eine Hass-Liebe Abhängigkeit von seinen Eltern kann er
noch besser machen. Wer weiß ?

Ich könnte Ihnen von auffallend ähnliche Fälle von Erwachsenen gesagt haben,

dysfunktionale Kinder , die tragisch endete . Ich habe keinen Mangel an gesehen

sie . Ich hoffe also, dass Larry und Miriam fühlen Dankbarkeit als

Enttäuschung , und dass Dankbarkeit Balsam für die wirkt

Wunden, die nie ganz verheilt. Ich fragte mich, Larry sexuelle

prahlen . Doch von all berichtet Larry und Miriam sind wirklich

glücklich zusammen . In der Auseinandersetzung mit dem, was Erikson bezeichnet als

" Das einzige Leben, das möglich war " in seiner Beschreibung der

Endphase des Lebens , Integrität gegenüber der Verzweiflung , hat Larry zu kommen

akzeptieren, sich selbst und alle seine unerfüllten Sehnsüchte, nicht mehr

benötigen, seinen Sohn zu ihnen für ihn zu erfüllen. Das wiederum gibt den Sohn

um seine eigenen Leistungen zu genießen. Ich hatte die Änderungen in Larry gehofft

ihm erlauben würde, sein liebevoll zu seinen Enkeln , zeigt

zu ihm , dass er betrügt sich selbst, aber das geschah nie .

Miriam jedoch mehr als entschädigt für was auch immer Defizite in

großelterlichen liebe diese Kinder erleben .

Kapitel 2: Fälle

Obwohl Jeffrey war nicht meine Patienten , oder wenn er war, war es

an einem remove- lohnt es sich, darüber, was sich spekulieren

falsch in seinem Leben. Wie in jedem Lebens vier Faktoren bestimmen die Qualität und Richtung : Mutter Stiftung , frühe Erfahrung , Beziehungen

mit den Eltern, und die Möglichkeiten, oder das Fehlen von ihnen in der größeren

Kultur-und Wirtschafts Surround und was auch immer Gebrauch gemacht wird

Freiheit , was der Mensch von Entschlossenheit. in

Jeffrey Fall , der Taugenichts auch Großvaters möglich Selbstmord

muss eine genetische Prädisposition für Depression beigetragen haben , wie

sein Vater , mit seinem großen Midlife- depressiven Zusammenbruch. und

relativ zu seinen Eltern , kam er kurz in die Eignungs

Abteilung. Wir haben bereits die Stärken untersucht und

Schwächen seiner Erziehung, der problematischste Komponente

die Einstellung wurde Jeff Erwartungen einfach nicht erfüllen konnte . A

Teufelskreis folgte. Fügen Sie etwas Alkohol und ein wenig (oder auch nicht so wenig)

Topf und wir die düstere dreißig Jahre alt, von uns vorgestellt haben seine

Vater . Jeff hatte einige ungewöhnliche Vorteile , aber er war nicht in der Lage

von ihnen Gebrauch machen .

Was hat sich geändert ? Sortieren eines Reverse perfekten Sturm . Sein Vater,

für alle seine Proteste gegen ein Patient , verändert ; Jeff " Hit unten " hart, und mit dem Nichts , um akzeptiert zu langfristige stationäre Behandlung zu gehen; und vielleicht am wichtigsten , fand er eine Nische, wo er erfolgreich funktionieren .

Seine Eltern waren in der Lage langfristige stationäre Behandlung zur Verfügung zu stellen , sein Psychiater gefunden, ein Antidepressivum , das er reagiert , und er mit der Psychopharmakologie stecken . Viele der jungen Erwachsenen, deren Sputtern verzweifelten Eltern Hilfe suchen , sind , wie Jeff , leiden unter einer Kombination von psychischen Erkrankungen und Drogenmissbrauch , zusammen mit unerfüllbaren Erwartungen . Normalerweise Drogenmissbrauch spielt eine größere Rolle , als es offenbar bei Jeffs war.

John , jetzt in seinen späten Zwanzigern , war ein Sprinter . Er tat gut

in Sprints konnte aber nie nachhaltig seinen Erfolg. Er hatte in und war

von Schulen, Reha-Programme und psychiatrischen Krankenhäusern . Sein Vater

hatte ihn verlassen , und seinem Stiefvater , Henry, war ein High-Profil

Fachmann: Professor für Recht und eine in der Nähe von Promi - Anwalt. und

für John , er war ein harte Handlung zu folgen. Es war Henry, war mein

Patienten. Johns Mutter , Evelyn hatte eine Rechtsanwaltsfachangestellte in Henrys gewesen

Büro-und nach Jahren wieder eine On- off-again Love Affair sie

schließlich verheiratet. "Junior ", wie Henry immer zu ihm bezeichnet hatte

Art kommen zusammen mit dem Deal . Es hatte nie eine formale

Annahme und Henry sicherlich nicht von John denken, wie sein Kind .

Dennoch war er sehr gut zu ihm bezahlten für Wohn

Behandlung, schrumpft , mieten alles ohne Beanstandung. Trotz

Abwertung der Spitzname " Junior ", Henry war wirklich lieb

John . Er war auch eifersüchtig Fokus Johns Mutter auf ihn. wie ich

hatte mehrfach die Gelegenheit, Zeuge , John hatte

konnte charmant sein .

Evelyn , die Mutter, war, wie Henry sagte, " bis John den Arsch . "

Dies nicht ganz so unelegant Sprache , hatte der Meinung gewesen, eine

langen Reihe von Profis sie konsultiert hatte, und des Personals der

die Schulen John besucht. Das hat Henry Eifersucht nicht jeder machen

weniger problematisch . Henry hatte mich zunächst konsultiert über seine

Alkoholproblem , auf die wir keinen Fortschritt bis zu seinem Recht gemacht

Partner sagte ihm, um Hilfe zu bekommen oder sich aus . Dann mit meinem

Ermutigung , unterzeichnet Henry sich in einen Wagen Handels Reha.

Er kam ein anderer Mann wurde gewidmet Zwölf-Schritte-

Ideologie und nicht trinken , da. Seine eigene Hochleistungs-

Anwalt Vater hatte ein extrem starker Trinker , die in ein gestorben gewesen

flammenden Autounfall fast sicher mit Alkohol. so Henry

und ich hatte viel zu arbeiten. John wurde nur selten erwähnt.

Dann schlug die Scheiße den Ventilator . John bekam für einen Einbruch kaputt.

Er halluzinierte und die beste , die rekonstruiert werden konnte, war

, dass er das Geld Henry regelmäßig auf Drogen gesendet verbracht hatte und

war im Entzug. Herauszufinden (richtig), dass Henry nicht geben würde

ihn ein Fortschritt , ging er zu seiner Mutter , geriet in einen solchen Gewalt

schreien Spiel mit ihr, dass sie sich weigerte, ihn auch, und in

Verzweiflung brach er in eine Wohnung , um Geld zu bekommen "cop ".

Einer der Henry High- on-the- Fütterung Leiter Strafverteidiger

Freunde haben die Anklage fallengelassen . John trat in eine psychiatrische Klinik

und kam wenig verändert, aber erfolgreich mit einem medizinischen

Diagnose einer schizoaffektiven Störung , nicht eine gute prognos

Diagnose.

Evelyn war außer sich seitdem fast wörtlich versuchen

Johns Leben für ihn zu leben. Henry nicht mehr klagt Evelyn von

"Sein bis John in den Arsch, " jetzt, wo sie aufgehört hat es abwischen. Henry hat sich mehr oder weniger aufgegeben. Ihre Ehe ist in einer verzweifelten Lage und nach Henry , es ist alles wegen der " Junior. " Wie die meisten Krisen , beruhigt diese eine nach unten und eine allzu stabiles Muster entstanden. Trotz overinvolvement Mutter , John, seine Medikamente wie vorgeschrieben, bleibt weg von Drogen, ist ziemlich oder sogar sehr gut in einem Reha-Programm , ein Trainingsprogramm , oder eine Schule, gibt dann , dekompensiert und windet sich in entsetzliche Form, manchmal mit Strafverfolgungsbehörden, und wird in ein Krankenhaus wieder zulassen . Der Zyklus beginnt erneut.

Trotz ihrer Bemühungen , ihre Erwartungen niedrig zu halten,

Mutter und Stiefvater zu hoffnungsvoll. Dieses Mal wird Johnny

zu machen, - he'll beenden Sie den Verlauf , einen Job zu bekommen , und haben eine Lebens

nur um ihre Hoffnungen scherend erschüttert. Es ist nicht schwer zu

Empathie mit ihrem Schmerz , auch als eine ungeduldig bekommt ihre

in wieder aufgenommen. Zu haben, ein erwachsener Sohn gehen von Katastrophe

Katastrophe ist wirklich herzzerreißend. In diesem Fall wird die Eltern

Erwartungen sind komplex und widersprüchlich. Evelyns

Erwartungen für John sind zu niedrig , sie glaubt nicht, dass er tun kann,

nichts, und wirkt so auszuschließen sein , es zu tun , während

Erwartungen Henry sind viel zu hoch, so dass implizite Anforderungen

John kann unmöglich zu erfüllen. "Junior " hat keinen sicheren Ort, um zu gehen,

auch wenn dies nicht seiner Verantwortung für " Aufnehmen ", zu vermeiden

immer gesteinigt und Verrechnung andere Gelähmten Zwischenspiel.

Das Heben wirft eine weitere Frage. Hat John abholen

weil seine "Stimmen" oder andere schizoid -affektiven Symptomatik

beginnt, ihn zu quälen , und er nimmt Drogen als Selbstmedikation oder

macht er seine untergraben "Erholung" , indem Sie seine Medikamente und

Trinken und Rauchen ? Beide Eltern und die Fachleute

Beteiligten mit ihm haben die letzteren ausgegangen , aber es nicht so sein könnte .

Ich weiß nicht, wie diese Frage beantwortet werden kann .

Evelyn ist ein Enabler einer extremen Art , die beide einen Rationalisierungen ("er ist krank "), um Johns
Verhalten zu entschuldigen und für ihn tun, viel zu viel . Henry unwissentlich ermöglicht werden, auch ,
obwohl dies nicht so klar. Obwohl Mütter tun es mehr als Väter oft , so dass sich nicht an das Geschlecht.

Eine große Anzahl von kompetenten Fachleuten haben versucht,

erweichen Evelyns mehr als Enablement , tatsächlich etwas mehr

wie eine zerstörerische Symbiose , ohne Erfolg , und ich habe keine

Grund zu glauben, ich kann es besser . Also konzentriere ich mich auf Henry,

versucht zu helfen, ihn zu akzeptieren , wie gestört "Junior" ist ohne

klingt wie seine Frau , während der Präsentation ihn mit der schwierigen Entscheidung der
Auseinandersetzung mit dem Status quo , die wahrscheinlich nicht zu ändern ist , oder sich aus . Die
therapeutische Trick hier ist für mich nicht in ein Rettungsprojekt , das nicht geht ist, jemand zu retten
erwischt. Die Arbeit geht weiter.

Unsere nächste Fall ist noch trauriger , in der Tat tragisch. Aber bevor wir

dorthin zu gehen, lassen Sie mich auf einige Mütter die ich gesehen habe , dessen Kommentar

präsentieren Problem war, dass ihre Töchter waren entweder

unverheiratet oder verheiratet unbefriedigend , zumindest von den Müttern "

Perspektive. Diese wird immer als die schlimmste vorstellbare Schicksal vorgestellt.

Es spielt keine Rolle, wie die Tochter erreicht , die oft eine hohe

angetrieben Berufs-oder Geschäftsfrau , ist ; ironischerweise viele

diese Mütter selbst haben erfolgreiche Karrieren . Für mich , männlich

dass ich bin, scheint die ganze Sache anachronistisch. Als Therapeut I

bin durch diese Mütter bereit zu sein, nur darüber zu sprechen frustriert ihre Töchter , und es ist nicht einmal klar , daß die Töchter

selbst unglücklich. Mehrere Male habe ich fast aufgeschnappt , "ich bin

nicht ein Heiratsvermittler . " Eine Mutter spürte die unausgesprochene , bissig sagte mir, Stolz und Vorurteil zu lesen, so würde ich verstehen, wie wichtig die Ehe ist .

In meiner Erfahrung ist es überwiegend die Eltern der

Männer, die auf die Therapie für die Hilfe bei ihrer unüberschaubaren kommen und

andernfalls erwachsenen Nachkommen . In unserer Gesellschaft Jungs sind viel eher

um in selbstzerstörerischer Weise zu handeln . Bis vor kurzem der extrem

Erwartungen für Jungen waren signifikant höher als für Mädchen,

Erhöhen des Drucks auf die Männchen. Das weibliche Pendant war

die Erwartung, " heiraten auch. " Als ich im College war, war es

immer noch häufig gesagt: " Sie hat das Studium für ihr MRS " Das hat

geändert, und die Mütter I oben genannten sind in einer Art Zeit

Warp. Dennoch werden sie leiden und verdienen unser Bestes. die

zentrale Themen sind Steuer-und Erfüllungs Erfüllung. Der Subtext ist

in der Regel wollen Enkelkinder. Töchtertag radikal unglücklich

Ehen oder ihre Schmerzen an nicht in der Lage ein zufriedenstellendes zu finden

Ehepartner , wenn sie wollen, ein sehr real sind Quellen der elterlichen ,

insbesondere von Müttern, Not. Leider habe ich nicht gehabt

viel Erfolg bei der Unterstützung dieser Mütter " gehen zu lassen . " Ich kann nicht scheinen

beziehen sie in Behandlung lange genug, um herauszufinden , was los ist oder warum. Also lassen Sie mich an Bill drehen .

Bill war ein Künstler. Ich kann den ästhetischen Wert seiner nicht beurteilen

arbeiten, aber aus geschäftlicher Sicht war es ein Kampf . A

selbst beschrieben verwöhnte Einzelkind , hat Bill nicht gut tun

akademisch . Er hatte Probleme in der öffentlichen Schule, dann in Schwierigkeiten

mehrere private Schulen, bevor sie schließlich dem Abschluss . Seine Stationen bei

renommierten Colleges -ich bin nicht sicher, wie Bill habe zugelassen

Versagen sie unbegrenzt . Er bekam nie einen Abschluss . Er heiratete früh,

Nachdem man seine Freundin schwanger, und seine Eltern unterstützt

sie . Das Kind, ein Junge, hat seinen Anteil von Problemen im Leben, Wickel

bis Heroin abhängig . Nach mehreren gescheiterten Versuchen abstinent

Programme der Sohn wandte sich an einen Methadon- Programm ,

die ihn seit vielen Jahren erlitten hat . Er ist stabil berufs

und hat mehrere langfristige Beziehungen hatte . Er ist nicht in der Nähe seines

Vater .

Die Tochter , Daisy, die zusammen ein Jahr später kam , hat nicht erging es so gut. Die Mutter , Claire, ging auf Bill , wenn der

Kinder waren drei bzw. zwei . Sie einfach aufgegeben

beide Kinder , nie zu sehen, und unter ihnen kein Interesse an ihnen .

Bill, der auf Claire betrogen worden war , reagierte mit Wut und Selbst

Mitleid. Immer noch nicht selbsttragend , er arbeitete hart an seiner Malerei,

nie finden Gunst des Publikums für lange, und er hat die besten

konnte für seine Kinder . Bis dahin Bill hatte in der Nähe seines bewegt

Eltern , fand eine Live-in Liebhaber, und sich zu einem ernsthaften Topf Raucher.

Er lebte ein Leben der Boheme , die alle Rechts nur gewesen sein könnte

es nicht mit Kindern zu arbeiten. Die Freundin - , die lange nach der

Affäre wurde über clean und wurde zu einem wiedergeborenen Prediger -

eingeführt, andere Drogen ins Haus. Die Bedürfnisse der Kinder waren

mehr oder weniger angemessen Rechnung getragen , vor allem von ihrer Großmutter , und die

ganze Schiff instabil blieb über Wasser , bis die Kinder erreicht

Adoleszenz. Bill hat arbeiten alle Arten von Gelegenheitsjobs , verkauft,

gelegentliche Malerei, aber wurde nie vollständig selbsttragend.

Dann Bill zog in die Stadt, um " in der Kunstszene ", sein Lebens

in einem heruntergekommenen Gebäude im East Village . Seine Ecke war eine

Treffpunkt für Drogendealer und Straßenmädchen . Ein schädlicher

Umgebung für einen heranwachsenden Mädchens wäre schwer vorstellbar.

Daisy schnell in Schwierigkeiten - Medikamente , Schulversagen , Rollen brachte

Betrunkene, Kämpfe. Seltsamerweise wurde die Daisy schlimmer desto besser Bill

wurde . Plötzlich wurde er ein beispielhafter Vater , Einschränkung seiner

Rauchen zu einem gelegentlichen Joint auf einer Party , noch härter zu arbeiten

seine Kunst , und kommt nahe an die Zahlung der Rechnungen . Es war zu spät . gänseblümchen

war auf einer Achterbahn runaway Überschrift für die Hölle. Im Laufe der Jahre

sie war in jeder Art von Programm , in jeder Art von Therapie. Rechnung

ging um Hilfe zu , Einzel-und Familientherapie , aber nichts

geholfen.

Im Laufe der Jahre auf Daisy verschlechtert. Ihr Vater nie

gab auf. Von Schuldgefühlen getrieben er versuchte immer etwas Neues ein neues

Therapie, eine neue Gruppe , eine neue Behandlung . Daisy mit keinem bleiben

davon. Bill wurde ein Mann wirklich gequält . Er hegte eine Fantasie

dass, wenn nur Daisys Mutter zurückkehren würde und die Liebe ihrer Tochter ,

Daisy wäre okay . Es war erbärmlich und natürlich ist es nicht getan

passieren .

Daisy wurde ein Stricher , den Verkauf ihres Körpers für Drogen; sie wurde HIV - positiven und im frühen
Stadium von AIDS. Sie ruinierte Wohnung ihres Vaters. Sie stahl aus jeder, auch sie jetzt im Alter von
Großmutter. Sie log so sehr, dass sie sich wohl nicht mehr wusste, was wahr ist , und schließlich wurde
sie als Zubehör zu einem bewaffneten Raubüberfall festgenommen.

Bill besuchte Daisy im Gefängnis , die dauerhaft ins Gefängnis Besuchern gezeigt Demütigung und dauerhaft den Anblick seiner Tochter als Gefangene mit allem, was impliziert. Er war fast durch die Erfahrung zerstört. Es scheint, dass kein Elternteil hat härter versucht, Wiedergutmachung für frühere Fehler als tat Bill zu machen.

Gefängnis war wirklich gut für Daisy. Sie bekam die medizinische

Behandlung, die sie brauchte , nahm an Gewicht zu , und als sie auf Bewährung entlassen wurde

links schauen viel mehr wie ein normaler Mensch . Solange

sie war auf Bewährung Daisy blieb sauber. Sie hatte eine sehr starke

Motivation ; sie wollte nicht zurück ins Gefängnis zu gehen. Sie bekam einen Job

und erwarb eine "gerade" Freund. Dann , nach drei Jahren ihr

Bewährung beendet. Sie war innerhalb von einem Monat gestorben. Sie hatte ihr gegangen

Anti-Virus- Medikamente , Rückfall auf Drogen und überdosiert . Es war

dieser Punkt , dass Bill konsultierte mich . Er war immer noch zu kämpfen

wirtschaftlich , aber seine Eltern, die jetzt tot, genug, um ihn verlassen hatte

auskommen. Ich bin mir nicht sicher, dass half , für Bill eine dringend benötigte

Zweck . Seit Jahren war der Schwerpunkt seiner Energie auf " Speichern

Daisy, "jetzt eine Unmöglichkeit. Seine Leere war fast

unerträglich. Es war wahr gewesen , dass seine Obsession mit seiner Tochter

diente als Ablenkung vom Blick auf sich selbst oder auf seine kreative und emotionalen Blockaden und mehr über die Linderung seiner Schuld war

als etwa ihr zu helfen . Aber das wird gesagt, er wirklich versucht hatte,

zu seinen besten tun, um den Schaden von Daisy Kindheit rückgängig machen.

Ich war besorgt, dass er sein eigenes Leben zu nehmen. Im Mittelpunkt der gemeinsamen Arbeit war die Aufdeckung seiner unendlichen Wut auf Daisy. Sobald das entstand , würde ich nicht mehr über Selbstmord zu kümmern. Es hat seit dem Tod von Daisy gewesen Jahren, und Bill , obwohl viel verbessert , fühlt sich noch zu ermöglichen, sich selbst schuldig zu viel Freude im Leben. Nicht mehr jung, sind seine Möglichkeiten begrenzt. Als seine Therapeutin , muss ich das akzeptieren .

Sara wirklich machte mich wütend . Sie und Raj , ihr eher ruhig

Ehemann, konsultierte mich über ihren Sohn , einen schwer unbefriedigend

jungen Erwachsenen . Es war eine allzu bekannte Geschichte der akademischen

Schwierigkeiten , Arbeitsplatzverluste , gescheiterten Beziehungen , Fehlstarts und schlimmer

Oberflächen. Der Ärger ging zurück -Tutoren , Berater, Sonder

Programme, die durch Vijay von der Haut seiner Zähne bekommen hatte

, ohne wirklich etwas zu ändern . Aber jetzt wusste sie, was war

falsch. Ihr Sohn wurde süchtig nach Kokain . Und natürlich

glaubte Adressierung der Drogenproblematik würde alles lösen . Leider war es klar, dass Vijay Drogenkonsum war ein vergeblicher Versuch , durch von einem jungen Mann, der nie in der Lage gewesen zu bewältigen hatte, durcheinander . Es war ein Symptom , nicht das eigentliche Problem . Dennoch stimmte ich zu , dass nichts besser werden , bis Vijay Kokain gestoppt.

In einer ziemlich theatralisch Weg , Sara schüttete ihr Herz aus . "Wir entdeckten, wurde er in uns liegt. Keine Drogen Er hat immer abgelehnt. Er sagte mir, ich sei paranoid. "

Raj , Also, was ist ihr Mann lakonisch , unterbrochen zu sagen, " neu? Er hat uns liegen seit Jahren. Sie wollte einfach nicht , es zu wissen . "

" Das ist anders , Raj. Jetzt wissen wir . Sein Freund Susie

angerufen und hat mir gesagt, Vijay hoch war die ganze Woche und das ist, warum er

nicht zur Arbeit zu gehen , und warum er sich weigert, mit uns zu sprechen . Dr. Levin,

wir haben ihm ermöglicht , aber nicht mehr. Es wird zu stoppen. Susie

ratting ihn macht den Unterschied . Jetzt wissen wir sicher,

und er kann nicht sprechen, seinen Weg aus ihm heraus. Zu denken , ich habe verletzt

Vijay entlang , indem du ihn und ich wusste, dass es nie . Vijay ist so überzeugen, ich glaubte ihm . "

Raj unterbrochen. " Gimme a Break . Sie haben bekannt

Jahren. "

"Nein , habe ich nicht , nicht sicher , bis jetzt nicht . Nicht nur Susie ... "

Eine weitere Unterbrechung . " Vijay ist von morgens bis abends gesteinigt. Einige plötzliche Beleuchtung . "

" Wie ich schon sagte , es ist nicht nur Susie ... "

Noch eine andere Unterbrechung , " Susie auch gesteinigt

Morgen bis zum Abend . Einige Informanten . "

" Wie ich schon sagte , es ist nicht nur Susie erzählt uns die Wahrheit .

Sie ist ein nettes Kind , nichts, wie mein Mann macht sie aus zu sein. ich

Vijay sah durch mein Fernrohr , wenn er ging

auf seinem Motorrad gestern Abend. Dann sah ich ihn zwei Blocks entfernt

im Gespräch mit einem wirklich schäbigen Charakter auf einem anderen Motorrad-und

ein Paket in der Tasche. Es muss Kokain haben . auf seiner

Rückweg sah er mich aus dem Fenster gelehnt mit meinem Fernglas und

herausgefunden, was los war. Er schrie, er würde nie

sprechen, um mich immer , dass ich aus meinem Kopf war . "

Raj brach wieder : "Nun , er ist manchmal direkt am Ziel . "

"... Und ich kann mir vorstellen , dass Dinge . Jetzt, wo ich weiß, ich will Sie [gemeint ist mir], um eine Intervention sofort tun . Das Spiel ist aus . Ich habe jetzt seine Nummer . "

Raj stimmte : "Auf dass wir auf der gleichen Seite sind . Und machen Sie es

bald . "

Also gingen wir auf die Intervention zu arbeiten. war

sicherlich eine faszinierende Familie. Sara war ein indischer Buddhist

Frau, die in einem buddhistischen und hinduistischen Enklave geworden war

Moslem Kalkutta. Ihr Mann war aus der gleichen Stadt , sondern aus

eine ganz andere Kultur. Er war ein Hindu . Ich habe versucht, zu erforschen

mit ihnen , was diese Mischehen und die kulturelle Anpassung der

er in die Vereinigten Staaten hatten für sie und für Vijay gemeint ,

der sechs war, als sie eingewandert sind. Sie wollten nicht , darüber zu diskutieren

und nichts zu sagen, außer , dass keiner von ihnen war religiös hatte

und deren Differenz im Hintergrund hatte keine Auswirkungen auf ihr Sohn hatte

und hatte keine besondere Bedeutung zu. Weiterhin zu Hause fühlten sie in

die Vereinigten Staaten , sobald sie eingewandert sind. Sie hatten sich aufgelöst

in Nassau County auf Long Island, hatte ein Fahrrad -Shop eröffnet die machten, Reparaturen sowie Vertrieb, und sie waren ganz gut danke und sie waren hier, um über ihren Sohn zu sprechen, nicht über sich. Es gab nichts, was ich tun konnte , sie zu nehmen , wo die meisten sicherlich sie brauchten, um zu gehen , um etwas besseren Verständnis der Schwierigkeiten ihres Sohnes haben . Also ging ich auf mit der Planung der Intervention.

Gewiß ist die Intervention nicht die Lösung für alle diese Familie

oder Vijay Probleme , aber es war ein ganz vernünftiger Anfang.

Interventionen erfordern ein hohes Maß an Planung , Strategieentwicklung und

proben . Ich arbeitete wirklich hart an ihrem Namen und Sara und Raj

hätte nicht mehr kooperativ zu haben. Nicht mehr zwischen Scharfschützen

sie , nur Vorbereitung für die Intervention. Ich rief Rehabs , versuchen

eine möglichst gute Passform wie möglich für Vijay bekommen , fand eine, und angeordnet

ein Eingeständnis . Versicherung (für von den Eltern bezahlt , natürlich)

okayed Vijay Behandlung. Mit der Entscheidung für Freund Susie und Vijay zwei Schwestern sowie seine Eltern , geplante wir eine Generalprobe für den nächsten Tag . Das "Ereignis" wurde geplant, um die anschließende Tag erfolgen.

In der Nacht bekam ich einen Anruf von Sara . " Vijay ist viel zu tun

besser. Er ist wieder zu uns spricht. Und Susie ist betrunken, so wird sie nicht sein, etwas Gutes , auch wenn sie den Eingriff nimmt . Also sind wir aufgehoben wird. Schicken Sie mir die Rechnung, bitte . "Und sie legte auf.

Wie ich schon sagte , konnte ich ihr erwürgt . Ich hatte wirklich gesprungen

durch Reifen zum Einrichten der Intervention. Die Take-Home -Nachricht ?

Nicht für Kunden, was sie für sich selbst tun kann. für

welchen Gründen auch immer ich wollte, war diese viel zu viel zu arbeiten.

Und Vijay ? Ich nehme an, er ist immer noch im Keller leben

Wohnung, die sie für ihn gebaut , auf von seiner Mutter, deren ausspioniert

Eindringen nicht im geringsten verhindern, dass er Kokain Bummel . und ich

vorstellen, Sara genießt das Drama so viel wie nie zuvor. Wie sie sagen

in den Zwölf-Schritte- Programme , " Die Dinge nicht ändern , es sei denn

sich etwas ändert . "

Edna war ältere Menschen, nicht ganz zerbrechlich, und sichtlich nervös . Sie erzählte mir, dass sie hier war, um ihren Neffen zu diskutieren, die gerade jetzt gut war, aber den sie fürchtete, dass sie in den vergangenen Jahren durch die Rettung ihn immer wieder durch - , mit einem Wort, das sie war eindeutig nicht zufrieden mit - "enabling " verletzt hatte ihn .

"Ich möchte wissen, ob ich beschädigt Manny und den Rest der

Familie , die Verlängerung seiner endlosen Jugend-und Verzögerungs seine

Reifung oder habe ich das Richtige zu tun , sein Leben zu retten und lässt

ihm seine Tat zusammen zu bekommen in seinem eigenen gute Zeit. Ich weiß nicht. Ich gehe

hin und her. Ich quäle mich . Wie Sie wahrscheinlich bemerkt , ich bin ein

nervöse Frau mit zu beginnen. Kein Zweifel, Sie fragen, was sind

irdischen Unterschied macht es jetzt machen ? Aber es macht für mich. Ich bin mir nicht

gehen, um noch länger hier zu sein und ich muss es wissen. Ich glaube, ich kann

Frieden oder so, aber ich muss es wissen. Dies nicht zu wissen , wenn ich

oder nicht das Richtige zu tun , lässt mir keine Ruhe. "

Ich sagte ihr, ich wusste nicht, ob wir ihre Frage zu beantworten , aber wir könnten versuchen. Ich bat
sie, mich so viel wie möglich über ihren Neffen und ihre Beziehung zu ihm sagen. Aber sie begann ,
indem er über sich.

"Ich war sehr nahe an meine Schwestern , darunter Manny

Mutter. Wir wuchsen in Roxbury, Massachusetts , jüdischen und

Arbeiterklasse . Wir waren mehr Mittelklasse, im Besitz ein Haus - mein

Vater war im Immobilien-und eine Million andere Unternehmen. und er

war ein Spieler ; er liebte Karten. An einer Stelle kaufte er ein Modell A

und fuhren in der Pampa Verkauf Gläser zu den hicks . er

nannte sich selbst Arzt. Ich glaube, er war ein bisschen wie ein Betrüger , aber sehr

liebenswert. Meine Mutter abgepumpt Babys pro Jahr. Ich denke, dass

tötete sie am Ende. Sie hatte acht Kinder in sechs Jahren. Sie starb als ich noch jung war . Und Papa starb sehr plötzlich an einem Burst

Anhang , als ich vierzehn war. Unsere sehr alte Großmutter bewegt

in. Wir wurden nicht verwendet werden, um Schtetl - Mentalität unserer Eltern waren sehr

moderne und sie ärgerte sich mit mehr Kinder zu erhöhen. es

Art der grimmige , aber wir hatten ein Klavier und als wir älter wurden viele Jungen

hing um . Ich war der einzige, der Highschool-Abschluss und

meine Schwestern waren beschämt, dass sie nicht. Manny Mutter war

der jüngste und schönste . Ich heiratete zuerst, ein Mann, den ich

leidenschaftlich geliebt, aber er jung starb. Er war krank gewesen für eine solche

lange Zeit, dass ich Angst hatte, eigene Kinder zu haben. Bis dahin

Ida , Manny Mutter war eine lustige , sympathische Kerl in der verheiratet

Einzelhandel. Nach ein paar Jahren Manny war geboren. Ich war noch in

tiefe Trauer. In diesen Tagen würde ich als depressiv diagnostiziert werden

aber wir haben nicht gedacht, dass so dann . Man musste wirklich sein verrückt zu sehen,

Psychiater und es war furchtbar schade, ihn angebracht. Also meine

mit einem sehr leichtes Hinken . Die ganze Familie überkompensiert -

gab ihm viel zu viel Aufmerksamkeit . Mehrere meiner anderen Schwestern

nie verheiratet , so Manny wurde in der Liebe von liebenden Frauen ertrunken.

Rückblickend sehe ich es nicht für war . Jetzt weiß ich, wir haben ihn gab ein

sehr verzerrtes , unrealistisches Bild von sich selbst, und natürlich seine

Mutter ärgerte unsere Einbruch und Störungen. Er war süß und süß, unmöglich, nicht zu lieben. Ich denke, es gibt nicht so etwas wie zu

viel Liebe. Stimmen Sie zu? Jetzt, mit achtzig , ich bin nicht sicher, ob ich das Gefühl, dass

Weg mehr. Ich glaube, Sie erhalten das Bild. Ich hatte nicht viel

Geld, aber ich immer genug, um Manny teures Spielzeug zu kaufen gefunden.

Es war nicht gut. Nun, ich rede mit dir merke ich, wie sehr

Ich fühle mich schuldig . Nachdem ich Witwe wurde, war es eine sehr lange Zeit, bevor ich

konnte ein neues Leben beginnen und ich egoistisch gemacht Manny meinem Leben. und

Das hat etwas Gutes für die Ehe Manny Eltern entweder nicht zu tun. "

" Ich glaube, Sie erhalten das Bild. Neurotic Sachen, aber nichts

schrecklich. Schließlich trat ich in die Geschäftswelt und machte ein

uneben , aber menschenwürdiges Leben . Ich war im Vertrieb. Ich datiert ein paar Jungs, hatte

Sex mit ein , aber es wurde nichts daraus . Meine wahre Liebe war immer

Manny . Art pathetisch, doch war ich nicht aktiv unglücklich. Manny

wuchs mehr oder weniger normal und ging aufs College . dann die

Probleme begannen . Wir hatten ihn alle gedrückt, um in einem wettbewerbsintensiven College zu
bekommen , Ivy League , in der Tat . Es war eine Katastrophe . Er konnte nicht damit umgehen, sozial
oder wissenschaftlich . Es wäre viel besser gewesen, hätte er zu einem lokalen Liberal Arts College
gegangen . Aber vielleicht würde es keinen Unterschied , wer weiß gemacht haben ? Ich denke
manchmal, Manny geerbt einige der Rücksichtslosigkeit - Vortäuschen meines Vaters , ein Doktor und
das Glücksspiel zu sein. "

" Auf jeden Fall ging Manny auf eine wirklich harte Schule , und er war über den Kopf. Ich dachte, er war brillant - so hat der Rest der

die Familie . Wir waren so Unrecht haben und wir ihm so weh . " (Edna getrocknet ein

reißen.)

"Eins nach dem anderen ging schief . Er hat nicht gefragt,

in eine Studentenverbindung beitreten und Manny nahm so schwer ; noch schlimmer ist, er

begann flunking Kurse. Als er die High School ich bezahlt

ein Verfahren zu begradigen seinen Fuß bewegt - die Bänder oder

so ähnlich. Es funktionierte , und wenn er in die College-

schlaff war ziemlich viel weg. Es war ein großes Problem mit meiner Schwester, die

war wütend auf mich, aber seine Eltern nie etwas über das Bein

so habe ich. "

" Im nächsten Jahr durchgefallen er aus und gelogen . So war er

Diebstahl von seinen Eltern und , sollte ich zugeben , von mir. Er machte

bis einige verrückte Geschichte über Arbeit für die Regierung in Arizona

und es war alles bergab. Ausfall nach Ausfall : andere

Versuche in der Schule , Jobs und Manny trank mehr und mehr. von

dann wussten wir, etwa aus der Schule geworfen, seine immer . es

eine Abtreibung ich bezahlt . Dann starb plötzlich an ein mein Bruder -in-law

Schlaganfall und Manny wurde während der Shiva getrunken. Er war kein

haupt helfen , seine Mutter mit gebrochenem Herzen . Doch ich ging weiter und weiter

Entschuldigungen für ihn. Und gab ihm Geld. Er hat mir einmal erzählt,

in einem betrunkenen rant , dass er seinen Vater getötet hat , und ich fürchte, er

geglaubt. "

"Herr Doktor, ich werde Sie nicht mit jeder mehr von den Details langweilen

außer zu sagen, dass das Drama ging für weitere zehn Jahre . und in

das Ende , Wund Manny auf der Bowery , Verkauf sein Blut , um zu kaufen

Getränke. Er ging in den DTs und wurde in Bellevue genommen . Das war

ein Wendepunkt für ihn. Als er herauskam , ein College- Trink

Kumpel, der in der Wiederaufnahme war nahm ihn zu einem Treffen der Anonymen Alkoholiker und er

blieb für mehrere Jahre nüchtern. Dann hatte er einen spektakulären Rückfall,

aber ist seitdem nüchtern. Seine Mutter sah die Verbesserung der

ihn, aber immer hatte ihre Zweifel über die Anonymen Alkoholiker . Sie würde sich fragen, warum
Manny hing mit einem Bündel von lowlifes . Um ehrlich zu sein , für eine lange Zeit fühlte ich mich
genauso. Ich glaube, es war schade, schade -dumm , aber trotzdem schade . Es ist jetzt anders , mit all
den Reha -und AA- Geschichten im Fernsehen die ganze Zeit, und einer Show namens " Intervention . "
Aber nicht damals. Ich wusste wirklich nicht zu verstehen. Jetzt weiß jeder, über die Aktivierung ; dann
würde ich noch nie gehört, das Wort . "

" Was Manny gelernt, seine " Charakterfehler " in AA nennen

ging nicht weg für eine lange Zeit . Er war viele Jahre abhängig in Nüchternheit - meist auf mich. Einige der es gut war. Er ging zurück

College , bekam einen Abschluss und absolvierte schließlich Recht

Schule . Er hat eine kleine Praxis , vor allem Immobilien-und Testamentsrecht in

Brooklyn und macht ein Leben . Er war nicht autark , bis er

war verheiratet und gut in den Vierzigern . Rückblickend auf sie , ich nicht

wissen , was sie denken , was zu - fühlen. Wenn ich nicht ihm geholfen hatte, und es

nicht einfach ich älter war bis dahin nicht viel Geld machen

ich, er hätte sich das Rentenalter bevor er

gegründet. Auf der anderen Seite , blieb er unreif , auch

infantil, zu egozentrisch und zu Bedürftigen und ich half ihm nicht

aufwachsen. Ich bin verwirrt , stolz, dass er es endlich gemacht hatte , und dass ich ihm geholfen und
gleichzeitig schuldig. Schließlich , Anfang fünfzig , autark für eine Reihe von Jahren , wurde er ein
mensch . Die menschhood ist das, was wirklich zählt. Ich mag, was er geworden , aber es dauerte ewig .
Sagen Sie mir , ich habe das Richtige zu tun ? Ich muss wissen, bevor ich sterbe. "

Edna fortgesetzt. " Nicht sehr oft , aber manchmal war ich

wütend auf Manny für die Verwendung und Nutzung von mir . Das ist schwer für mich

zugeben . Es ist noch schwieriger , Ihnen zu sagen , wie die jungen Leute sagen , dass

I ' erwischte ' auf Manny Drama . Ich hatte nicht viel von einem Leben und

, Teil Manny Kämpfe gab Bedeutung für mein Leben . vielleicht

Ich musste ihn sogar ein Chaos , wenn ich nicht glauben wollen dass . Er warf mir vor, einmal nicht wirklich viel erwartet von ihm.

Auch ich hoffe, dass ist nicht wahr. Na ja, vielleicht zu Zeiten und vor allem

am Ende. Ich hoffe, ich glaube nicht wirklich, dass . Ich schäme mich, Ihnen zu sagen,

dies , Arzt, sondern an einem Punkt , als er sehr betrunken, Manny

schrie mich an : " Man kann nie wirklich an mich geglaubt . Sie dachte, ich

konnte nichts selbst zu tun . " Ich mag denken, dass das nicht wahr

aber vielleicht ist es , mindestens einen Teil der Zeit , insbesondere die

Jahre ging auf und er mehr und mehr in Schwierigkeiten. "

Ich fühlte mich eher wie ein Priester die Absolution gebeten, als ein Therapeut zu geben. Ich wollte nicht wissen, die Antwort auf ihre Frage - wer könnte ? War sie in Manny Abstieg in die Hölle und seine anschließende unaufhörlichen Unreife mitschuldig ? Ohne Zweifel. Hatte sie wahrscheinlich sein Leben gerettet und machte möglich , was Wachstum ist er in der Lage gewesen ? Auch ohne Zweifel.

Ich von Woody Allens Geschichte von Mr. Smith, ging dachte

zu einem Psychiater und sagt ihm , "Doc , wir haben ein Problem . Mein Sohn

denkt, er ist ein Huhn . "Nach dem üblichen" Mmmm, mmmm ", die

Psychiater sagte: " Mach dir keine Sorgen . Wir Psychiater wissen, wie man

Wahnvorstellungen zu heilen wie Ihr Sohn hat . Also nach Hause gehen, mit ihm zu reden , und Call-

mich für einen Termin. " Ein Monat verging und kein Anruf von Herrn

Smith. Schließlich rief ihn der Psychiater . "Mr. Smith, waren Sie

sollte mich für einen Termin für Ihren Sohn nennen . "" Oh, dass .

Wir entschieden, dass wir die Eier . " Edna sicherlich notwendig , die Eier , aber es war nicht so einfach. Es ist selten . Sie kümmerte sich wirklich für und

über Manny auch.

Ich beschloss, Edna geben ihr die Absolution . In ihrem Fall gibt

war keine Frage der Buße . Sie war bereits über Büßer . Also habe ich

sagte: " Edna , es gibt keine Möglichkeit zu wissen, was der Weg nicht genommen

könnte so gewesen sein . Wie Sie wissen, kann Manny Talsohle erreicht haben

früher , aber dann wieder, er könnte in einem dieser SRO gestorben

er floppte in. Ich kann nicht wissen, dass nicht mehr als Sie . Also lassen

schauen, was wir wissen . Manny hat nüchtern , er beendet seine

Bildung, hat er heiraten und er hat eine Berufstätigkeit jedoch

verspätet , und , wie Sie sagten , er letztlich erreicht menschhood .

Kein schlechtes Ergebnis. Lassen Sie die " vielleicht -haben- Bohnen ' allein. Sie können

nie wissen , und alles, was Sie vollbringen sind ist Selbstquälerei . Was

für ? Es hilft niemandem , schon gar nicht wahr, und es ist nicht rückgängig zu machen

nichts . Es ist einfach für mich, hier zu sitzen und zu sagen, die Eltern (oder Tanten), um

üben harte Liebe und stoppen damit , wenn ihr Sohn oder ihre Tochter

ist in Gefahr. Ich kann nie sicher sein, dass ist ein guter Rat sein . manchmal

die beste Vorgehensweise ist klar; häufig ist es nicht. Wussten Sie tun

was Sie teilweise aus Eigeninteresse getan hat? Ja. Wussten Sie , was Sie tun

hat teilweise aus Wut und Verzweiflung, vage bewusst , dass das Geld

Sie gaben Manny war , ihn zu töten ? Ja. Aber die menschliche

Motivation , auch bei Ihnen, ist immer komplexer und konflikt .

Die Quintessenz ist , dass du mehr von der Liebe als motiviert durch

Eigeninteresse . Lassen Reinheit der Heiligen. Versuchen Sie, und umarmen Sie Ihre

fehlerhaft Menschheit. Manny hat man nicht die Schuld für die Verzögerung sein

Reifung , tut er ? Nein, und es ist eine andere Sache, die Sie nicht

Factoring in. Manny erwachsen war und war frei , Entscheidungen zu treffen .

Er konnte Ihr Geld abgelehnt haben , vor allem nach bekam er nüchtern,

zum Beispiel. Manny sagte, Sie sagten, dass Sie wirklich nicht glauben,

er hatte das Zeug, das er brauchte, um es in der Welt zu machen. Sie sind

Art zu tun , dass jetzt, ihn immer noch nicht als freie moralische Agenten sehen ,

für seine Entscheidungen verantwortlich. Edna jedoch komplex und

Konflikt Ihre Motivation , hast du gedacht, was Sie am besten ,

wissen, was Sie dann kannte. 'Wir sehen durch ein dunkles Glas ...'

Lass es gehen und geben Sie sich etwas Ruhe . Ich kann nichts für Sie tun. "

"Wissen Sie, Herr Doktor, Manny Jahre in AA haben ihn wirklich verändert. Er arbeitet die Treppe und er
mit mir entschuldigt hat , sogar versucht, Wiedergutmachung zu machen. Jetzt manchmal schickt er mir
Geld. Aber es quält mich immer noch , dass es ihn so lange genommen , ein mensch geworden ist und
auch wenn , wie Sie sagen , das war auf ihn zu, hatte ich noch meinen Teil in ihm. "

" Edna , ich habe mehr als eine neunzig -jährige , die bekannt nicht erreicht menschhood . Also , um eine Phrase , " Besser spät prägen

als nie. "Ich glaube, eines der Dinge, die Sie am meisten schuldig zu fühlen, ist

vielleicht im Grunde für alle Ihre Idealisierung von ihm, die Sie wirklich

nicht glaube, dass Manny ' hatte die Sachen. ' Sie glauben nicht mehr , dass jetzt . Und lassen Sie mich darauf hinweisen, dass ich sicher bin Manny würde nicht glücklich sein zu wissen, dass Sie unzufrieden waren , quälen Sie sich über alles, was Sie für ihn getan hat. "

Sie lächelte zum ersten Mal , Rose, schüttelte mir die Hand und ging, sagte, dass sie nächste Woche wieder sein würde . Sie den Termin abgesagt und mehreren nachfolgenden. Ich habe nicht von ihr zu hören für mehrere Monate. Dann eine Nachricht hinterlassen sie: " Mein Arzt fand einen Tumor. Ich bin ins Krankenhaus gehen für kleinere chirurgische Eingriffe . Ich rufe dich an , wenn ich raus. Ich möchte, dass Sie wissen, dass Sie mir wirklich geholfen . "Ich habe nie wieder von ihr gehört.

Kapitel 3: Einige Therapeutische Vorschläge

Wie Sie gerade gesehen haben , ist dieses Problem nicht so dass eine einfache oder

oft eine klare ein . Es gibt alle möglichen Gründe hinter

ermöglichen , die von einfachen Unwissenheit (leicht behoben

Bildungs - Stil Interventionen) , zu fürchten, zu " brauchen die Eier ", um

unbewussten (selten bewusst) Todeswünsche , um wirklich bösartigen

Symbiose. In den meisten Fällen mehr als eine oder sogar alle der oben genannten

wirksam sind . Sara , die indische Mutter, die ihren Sohn ausspioniert , ist ein

Bei solchen bösartigen Symbiose , und auch dort andere Faktoren waren in Betrieb. Therapie beinhaltet Identifizierung jedes Motivations

Strang , so dass es bewusst und arbeiten sie durch - nicht leicht

mit Eltern, die die Therapie nur auf die konzentrieren wollen getan

Kind. Empathie ist wichtig. Der Therapeut muss Urteil aus halten

es - nicht so einfach wie es scheint. Egal, wie die kontra

Verhalten der Eltern und wie gemischte ihre Motivationen , der erste Schritt

ist zu erkennen, zu verbalisieren und zu vermitteln Mitgefühl für die Eltern

Dilemma. Von dort aus , wenn die Eltern werden Sie lassen , beginnt die Fest

Arbeit der Verwirklichung unserer wesentlichen Ohnmacht gegenüber anderen Menschen ,

auch wenn sie unsere Kinder sind . Es gibt tiefen Schmerz in dem Bewusstsein,

der Therapeut versucht, bei den Eltern zu erzeugen. Gerade

weil es so schmerzhaft , dass es so viel Fingerspitzengefühl und therapeutischen

so gut ein Gefühl für Timing , die Eltern in die Behandlung zu halten.

Das Erkennen und die Anerkennung der Herzschmerz Ich weiß zu sein

Zentral in der Eltern- Kind-Beziehung ist der Schlüssel. Wenn die Menschen das Gefühl,

verstanden sie bleiben (vielleicht) und die nahezu unerträgliche Wahrheiten

über ihre Beziehungen mit ihren Kindern gearbeitet werden kann .

Wie Sie gelernt Lesen meiner Fallgeschichten , weiß ich nicht immer erfolgreich .

Wütend oft charakterisiert die Abhängigkeit des Kindes

Beziehung zu den Eltern. Und sowohl die Wut und die

Abhängigkeit bestrafen zu den Eltern. Soweit sich diese

Kinder protestieren die Eltern " Controlling " Verhalten, das sie nicht laufen kann

ihr eigenes Leben und auf einer gewissen Ebene sind sich bewusst, dass sie die

Eltern gerade in der Rolle, die sie hassen. Dann greifen sie . Empathie durch

der Therapeut für diese Doppel - Haftung mit zu geben und sein

der Empfänger der Wut - ist oft ein Weg in. Die ganze Dynamik

muss auf den Tisch gelegt und mit bearbeitet werden.

Alanon ist ein Zwölf-Schritte- Programm für die Co-Abhängigen -

Eltern , Freunden , Geschwistern , Liebhaber, Freunde . Es ist äußerst hilfreich

und Überweisung lohnt sich immer. Sie können erwarten, stoßen

Beständigkeit. Je mehr Sie über Alanon und Zwölf-Schritte kennen

Programme im Allgemeinen , desto wahrscheinlicher ist die Überweisung dauert . wie

tut Alanon Arbeit ? Als AA-Mitglieder sind aufgefordert , dass

Frage von AA, antworten sie: " Just fine . " Nach meiner Erfahrung

Alanon nicht als "fein" zu arbeiten, weil die Probleme ihrer Mitglieder kämpfen mit weniger Beton. Nicht trinken " eines Tages zu einer Zeit " ist eine sehr klare Rezept. Welche Alanon bietet, ist diffuser , aber mächtig. Abgesehen davon, lassen Sie mich versuchen, einige der Mechanismen Alanon aufzuklären.

Erstens, die Unterstützung durch die Gruppe und die gegenseitige Identifizierung seiner

Mitglieder reduziert Schuld, Scham verdünnt , moduliert Angst und

refocuses seiner Mitglieder Energien auf sich. Die alanon

Drei von C : Sie hat nicht verursacht ; Sie kann es nicht kontrollieren ; und Sie können nicht heilen - Vereinfachungen sind . Trotzdem sind sie bei Kern

wahr. Für diejenigen, die sie verinnerlichen kann , da die meisten Alanon

Mitglieder haben im Laufe der Zeit , werden sie fast magisch zu befreien .

Anwesend Alanon als Support Gruppe von Menschen kämpfen mit

ähnliche Dilemmata , die erhalten und stärken können .

Leider sind die drei C der Resonanz mehr und eine bessere Passform für

Ehegatten als für die Eltern. Aber sie passen gut genug. Die Lektion

Ohnmacht , die Alanon lehrt paradoxerweise befähigt .

Eine der Heilelemente in alanon ist

Gemeinschaft. Eine Emotion, die wir noch nicht angesprochen , das ist,

allgegenwärtig in Eltern von erwachsenen Kindern zu kämpfen , ist die Einsamkeit .

Sie fühlen sich (und sind) schmerzhaft isoliert , aus Scham aus dem Schnitt

Möglichkeit der sinnvollen Zusammenhang . Welche Eltern wollen reden

über ihre Kind, zum Beispiel für die dritte gesprengt worden

Zeit für Drogenbesitz , zu Freunden oder Verwandten , deren Kinder

gerade ihren Abschluss mit Auszeichnung von renommierten Colleges ? nicht viel

Nachas zu teilen, geschweige denn etwas zu prahlen. Das sind also

Eltern bleiben allein. Um ihre Situation noch schlimmer zu machen, häufig

sie wurden gerichtet , wie es die Eltern- Patient, der mir sagte, seine

Bruder sagte, als er seine Tochter gerettet aus: " Sie haben Ihre

Kopf nach hinten geschraubt , wenn es um Diane kommt . "So schade

und eine allzu realistische Angst vor der harten kritisches Urteil zu konspirieren

bauen Mauern der Einsamkeit. Dies ist nicht nur schmerzhaft ; es macht

unmöglich, brauchbare Korrektur Feedback, das aus kommt erhalten

Urteil nicht von Bedeutung. Alanon bietet einen Zufluchtsort

aus diesem Gefängnis . Wiedereintritt in die menschliche Gemeinschaft ist eine der

die mächtigen Heilelemente der Zwölf-Schritte- Programme, einschließlich Alanon . Das gleiche gilt für die Psychotherapie. Unterschätzen Sie nicht den Grad der Isolierung dieser Eltern -Patienten. Meinung zu sein, und es empathisch darauf zu. Wenn Sie etwas anderes tun, werden Sie eine Menge getan. Dies reduziert oft Gefühl der Sinnlosigkeit des Therapeuten in so viele dieser Therapien.

Unbewusste Gegen ist tödlich auf die Behandlung.

Es ist okay, in der Tat unvermeidlich , um verärgert werden oder wütend oder

ungeduldig, oder fühlen sich nutzlos , oder eine beliebige Anzahl von anderen erleben

negative Emotionen in dieser Arbeit. So lange , wie Sie wissen , und nicht

handeln sie aus, diese Emotionen sind wertvolle Hinweise, um was los ist

für den Patienten und in der Beziehung und kann und sollte gemacht werden

von therapeutisch nutzen . Gegen Gefühle wertvoll sind

Quellen von Informationen und nicht nur Auswirkungen auf den Patienten

andere; sie sind eine ebenso wertvolle Quelle für Informationen über

des Patienten inneren Welt.

Zurück zu Alanon . Eine gemeinsame Widerstand gegen Zwölf

Schritt -Programme ist ihre spirituelle Seite . Viele säkular orientierte

Patienten wollen keinen Teil der "heiligen Rollen " Zeug . Und ein paar

religiöse Patienten lehnen die Zwölf Schritte als konkurrierende verboten

Religion. Viele Therapeuten sind auch unsympathisch Zwölf-Schritte-

Programme . Wenn Sie einer von ihnen sind, nehmen Sie einen sorgfältigen Blick auf , wo

du herkommst . Die Wahrheit ist, dass diese "Konkurrenz" hilft

großen Anzahl von Patienten . Sie müssen nicht auf Zwölf abonnieren

Schritt Ideologie zu erkennen , dass hier ist eine Erfahrung , die heilende

bietet Dinge, die Sie nicht können : die Identifikation mit anderen Betroffenen , starke

Gemeinschaft, und ein Programm des geistlichen Wachstums , die der lehrt,

Vergeblichkeit der Versuche der allmächtige Kontrolle und bietet Hoffnung.

Lesen Alanon Literatur und immer mit der vertrauten

Zwölf Schritte ist definitiv eine gute Idee, wenn Sie mit dieser Arbeit

Bevölkerung. Einige Therapeuten machen das Gegenteil Fehler; sie

gedankenlos Patienten beziehen sich auf Programme und sogar darauf bestehen, ihre

Teilnahme ohne eine sorgfältige Prüfung der Anpassungsgüte . Nicht alle

Patienten, die mit Kindern, die " nicht viel Nachas " bieten

haben Drogen - oder Alkohol - Kinder beteiligt , obwohl die meisten tun, und diese Eltern sind weit weniger wahrscheinlich, von der Teilnahme profitieren

Alanon . Es ist nicht genügend Identifikationspotenzial .

Dennoch eine Überweisung kann sehr wohl noch lohnen.

Sandy kam zu mir am Jahrestag ihres Drogen beteiligt

Selbstmord Sohnes. Sie selbst war in einem stabilen , langfristige Erholung von

Sucht. Ihre Schuld war niederschmetternd , da war ihr nicht bestätigten

Wut auf ihren Sohn . Die meisten schmerzhaft von allen war die nackte Tatsache, dass er nicht

da zu sein , der Verlust sich. Sandy war ein zutiefst verpflichtet

Mitglied sowohl AA-und Alanon . Sie " arbeiteten " die Schritte schwer

als gut. All dies half , aber nicht heilen. Das gleiche war wahr

der Psychotherapie . Wir konzentrierten uns eine Menge über ihre Schuld und mehr

generell haben Trauerarbeit . Auch hier half es , hatte aber eine begrenzte

Wirkung. Sandy war vor allem auf die spirituelle Seite des gezogenen

Zwölf Schritte , kam aber zu spüren, dass sie nicht ihr genug zu bieten.

Sie schloss sich eine evangelisch, wieder geboren Kirche mit einem charismatischen

Minister, der ein Freund wurde . Sandy kam letztlich zu glauben,

dass Gott - Jesus - und vor allem hatte verziehen nicht nur sie, sondern

noch deutlicher ihren Sohn und dass sie eines Tages sein würde

mit ihrem Sohn im Paradies wieder vereint. Diese Überzeugungen bewiesen transformative . Heute Sandy ist eine glückliche , energisch, produktiv

Frau. Sie hat seit Jahren nicht mehr gedrückt wurde . Ich teile nicht

Sandy Überzeugungen , noch konnte ich ihr bieten , was ihre Gemeinde und

ihre Glaubenssysteme zu tun. Weder konnte Alanon . Sandy nicht mehr

Zwölf-Schritte- Treffen besucht und sie hat Therapie beendet. ich

haben kein Problem mit einer dieser Entscheidungen . Obwohl ich nicht

andeuten , dass Sandys Psychotherapie war nicht entscheidend , es war , ich war auch bewusst, dass ich sie nicht geben, was sie gefunden hatten, und das war Glück.

Um zurück auf die therapeutische Frage, ob laufen, um

die innerhalb oder an der Außenseite ist der beste therapeutische Strategie : in jeder

Groß muss der Therapeut die Möglichkeiten zu evaluieren. Wenn die Eltern

für die Arbeit an sich zur Verfügung , ergreifen Sie die Gelegenheit . Ich habe

gefunden, daß in der überwiegenden Mehrzahl der Fälle zumindest anfänglich , der

Auslauf ist die einzige praktikable Option . So strategisch ich mit dem

Eltern über die Möglichkeiten für das Kind. Ein Teil davon ist

Informations - Bildung, so zu sprechen. Ich habe umfassende Kenntnisse

von Rehabs , Selbsthilfeprogramme , Umschulungs- Programme und so weiter

dass ich teilen. Das Teil ist einfach . Es bietet auch die Möglichkeit,

Aufbau einer therapeutischen Allianz . Wie entstehen Gefühle während der

Strategieentwicklung , sollten sie sofort artikuliert werden, und wenn

möglich verstärkt. Es gibt Gelegenheit, hier und es sollte nicht sein

verpasst . Die Planung kann immer später zurückgegeben werden. Die Außen

laufen Ansatz ist schwierig. Es ist allzu leicht, in einem Gewirr von stecken bleiben

Pläne, die nie realisiert werden und wird umgeleitet, bleiben von

was ist möglicherweise realisierbar : Veränderung in der Eltern. Nach draußen zu gehen ,

obwohl im Allgemeinen hilfsbereit bis zu einem Punkt , ist auch auf dem Teil des Therapeuten, der in
seinem Herzen , anders zu arbeiten will unaufrichtig. Ich kann keine allgemeine Ratschläge außer zu
sagen, nach draußen gehen und warten auf eine Gelegenheit, nach innen zu gehen bieten .

Die aktuelle Wirtschaftslage erschwert Eltern

kämpft, um ihre Kinder in der Aufholjagd zu unterstützen. In einer Welt

wo "erfolgreichen" Kinder haben eine harte Zeit, Fuß zu fassen ,

wo menschenwürdige Arbeitsplätze sind dürftig , und es gibt wenig oder keine Vergebung

für ein Pfund weniger als Bildungs-oder Beschäftigungsrekord, externe

Realität Verbündeten mit internen Defizit -und Konflikt zu machen Kletter

aus der Grube umso schwieriger . Das war weit weniger wahr, ein paar

Jahren. Paradoxerweise kann diese Situation Balsam für die Eltern

wer kann sagen : "Nun, sie hat wirklich versucht , aber es gibt einfach nichts

gibt. "Stimmt, aber allzu leicht eine Ablenkung von der Adressierung

selbstzerstörerischen Verhalten und Denken in Eltern und Kinder .

Freud schrieb , dass die elterliche Liebe ist unten verschoben

Narzissmus. Eltern übertragen alle Hoffnungen und Träume, die sie hatten

für sich selbst, ist , dass die Realität sie gezwungen, aufzugeben , um die

Kind, das von den " Pfeil 'und Schleudern des ausgenommen werden sollten

unverschämte Glück ", von den Zwängen der Realität unnachgiebig

gelten, und von der ultimativen Frustration , Sterblichkeit . Dies ist sowohl

zu zynisch und wahr. In Freuds Formulierung klingt es viel weniger

zynisch, und Freuds Mitgefühl für die Eltern, deren Liebe für

ihre Kinder müssen in einem gewissen Sinne enttäuscht sein , kommt durch .

Wir müssen auch die Tiefe der narzisstische Wunde erkennen

unsere Mutter Patienten der in Schwierigkeiten geratenen erwachsenen Kinder haben gelitten und

sie für die narzisstische Komponente der ihre Liebe nicht beurteilen.

In der Tat , ihre Wünsche , aber unrealistisch und aber

von ihren Wünschen für sich selbst und für ihre Kinder verdrängt ,

sind , wie Freud wies darauf hin , universal. Und das nicht wertend

Erkennung der Tiefe der Wunde selbst heilend.

Dies bringt uns zu der vielleicht wichtigste Aspekt der

Arbeit mit Eltern von Kindern enttäuschend und enttäuscht :

nämlich Trauer . Wenn Freud ist richtig und viel Elternliebe ist ein

Form der Selbst- Liebe, ist die Enttäuschung, diese Eltern leiden alle zu real . Irgendwie müssen sie dazu beigetragen, den Ausfall zu beklagen sein

ihre Bestrebungen , offen für ihre Kinder, verdeckt , zumindest in

Teil für sich. Es ist schwer zu bekommen diese Eltern dorthin zu gehen.

Was sie hören wollen, ist , dass es einen Weg in die Zukunft für ihre

Kinder. Manchmal gibt es ; öfter gibt es nicht. So der Therapeut

müssen sie zurück in die Trauer sie fühlen zu bringen. um so

Bestandteile jeder Trauer hier anwesend sind , einschließlich der Verweigerung ,

Wut, Depression , und hoffentlich letztendlich Anerkennung und

Akzeptanz. Depression ist eine Krankheit; Trauer ist ein Gefühl. und

Traurigkeit, schmerzhaft es auch sein mag, ist oft eine Heilung für Depression. wir

haben zu helfen, diese Patienten fühlen sich Eltern ihre Traurigkeit.

An einer Stelle , sagte der Kommandant mir: "Ich hatte gehofft, meine

Sohn würde meine Kaddisch sein. " (Das Kaddisch ist ein Gebet, das für die

tot, das eigentlich nicht erwähnen, Tod , sondern vielmehr geht es um

Akzeptanz ausgedrückt in Lob für Gott. Dennoch gibt es alle

Arten von anderen Bedeutungen rund um den Kaddisch , einschließlich

Aberglauben über das Kaddisch Durchführung einer Remission

Strafe für die Sünden des Vaters.) Der Kommandant ging auf ,

"Aber das ist nicht sein. Erstens ist er nicht zusammen genug, um es zu tun. (The

Kaddisch wird täglich für 11 Monate gesagt.) Und zweitens, selbst wenn er

könnte , wäre es nicht viel wert . "Ich war verblüfft. In keiner Weise

Larry hatte angegeben beliebige Tiefe des religiösen Glaubens , obwohl er

offensichtlich, ethnische und kulturelle Identifikationen mit jüdisch . ich

sagte zu ihm: "Es muss sehr beunruhigend , dass bis in alle erkennen gewesen

Wahrscheinlichkeit Ihr Sohn würde nie sagen Kaddisch für Sie. "Er

wurde zutiefst traurig, und sogar ein paar Tränen liefen ihm

Wangen. Ich wies auch darauf hin , dass ihm die Rabbiner hatte konsequent

gelehrt , dass zu sagen Kaddisch des Sohnes in keiner Weise entlastet den Vater

von der Last der eigenen Sünden. Wir hatten wirklich in einige bekommen

tiefen Gewässern hier , die ich nie erwartet. Larry Enttäuschung

in seinem Sohn berührt den Kern seines Wesens und in der Tat seine Hoffnungen ,

sofern er überhaupt, für die Welt zu kommen . die ganze

unerwartete Folge seiner Hoffnung , dass sein Sohn seine Kaddisch sein

bis tiefgreifende Möglichkeiten zur Trauer geöffnet und wir arbeiteten

die für eine lange Zeit. Sie waren in der Tat die Umwandlung . war

wahre Innere Arbeit . Wob ich auch innerhalb der Arbeit durch den Stoff der

außerhalb der Arbeit zu versuchen, um eine praktikable Behandlungsplan für finden

Larrys Sohn. Das Innere Arbeit war weitgehend in Form von sanften

Konfrontation der seine Verachtung für seine beiden Kinder und der

Verteidigungszwecken diente , die alles in die eine oder andere Art und Weise der

Vermeidung von Schmerz und dies erwies sich als fruchtbar. Interne Schiebe Larrys

musste eine Rolle bei der Herstellung möglich, das relativ gesunde gespielt

Einstellung sein Sohn schließlich erreicht . Die Annahme , die beide von der

Vater und der Sohn , der die Realität des Lebens, der Sohn , war ein entscheidender

Element in welcher Erfolg der Behandlung führte zu .

Kinder sind unter anderem , Unsterblichkeit Projekte , und wenn das Kind die Eltern sauer geht , verliert diese (meist) unbewussten Trost für seine oder ihre eigene Sterblichkeit. Die therapeutische Aufgabe hier ist es, die Eltern trauern , nicht für das Kind, sondern für das Selbst.

Aber elterliche Liebe ist nicht nur narzisstische ; es ist auch

desinteressiert. Therapeuten alle leicht auf das konzentrieren,

pathologisch- schließlich ist das, was wir dafür bezahlt zu tun - und vermissen

der gesund. In diesem Fall ist es möglich, die narzisstische Seite zu sehen

elterliche Liebe und vermisse die uneigennützige Seite. Allerdings durcheinander

und verheddert diese beiden Komponenten der Liebe sein kann , müssen wir

erkennen die Echtheit der gequälten Sorge der Eltern , dass

das Kind wird ein Leben in Schmerz und Unerfülltsein haben .

Freud wies auch darauf hin , dass es zwei unmöglich

Berufe : Governance- und Elternschaft , zu der er hinzugefügt

another- Psychoanalyse und durch die Erweiterung der Psychotherapie. beide

die Eltern und die Therapeuten sind im Grunde machtlos. sie können

Einfluss , aber nicht bestimmen. Um die Sache noch schlimmer zu machen , haben sie

Verantwortung (oft unrealistisch aufgeblasen) ohne Strom. hier

die Gegen genau rekapituliert die elterliche Patienten

erleben und gibt dem Therapeuten einen Weg in. Ein gutes Beispiel ist

mein Versuch, allmächtig Kontrolle der Intervention , die nie

passiert mit dem indischen Paar und ihr Kind. Ich war zu tun, um

sie genau , was sie tun , um ihren Sohn . Meine Emotionen

Frustration , Wut und Gefühle des Versagens parallel ihnen auch .

Wieder einmal eine Chance zu verstehen und zu verbinden.

Meine Patienten in Zwölf-Schritte- Recovery-Programme oft sagen ,

"Setzen Sie in der Anstrengung , aber versuchen Sie nicht , um das Ergebnis zu diktieren. " Sehr

Buddhist und tolle Tipps für Eltern und Therapeuten. Es ist

leichter gesagt als getan. Auch die Zwölf-Schritte -Ruhe-Gebet

" Gott gebe mir die Gelassenheit, die Dinge, die ich nicht ändern kann ,

den Mut, die Dinge, die ich ändern kann , und die Weisheit zu wissen,

der Unterschied " beschreibt perfekt die Aufgabe der Eltern und

Therapeuten. Ein Kopf gesetzt, sich in dieser Richtung macht ideal therapeutische Arbeit leichter und weniger frustrierend.

Es ist ein interessantes Phänomen , das kommt oft in

diese Arbeit . Ein Vater sagte mir, er sei ein " erfolgreicher Alkoholiker. " Er

bedeute nicht, dass er ein Alkoholiker, der in die erfolgreiche war, war

Welt , wenn auch zu einem gewissen Grad war er. Vielmehr meinte er, dass er

erfolgreich war als Alkoholiker ; das heißt, dass, obwohl er trank

alkoholisch , er sowohl beruflich und als Familie funktionieren könnte

Mitglied. Er fuhr fort zu sagen , dass sein Sohn nicht erfolgreich

Alkoholiker, was bedeutet, alkoholische Trink seines Sohnes führte in seinem nicht

in der Lage zu funktionieren . Also, was haben durch in der älteren Generation haben

nicht in der jüngeren Generation ausreichen. Ich finde das ist eine gemeinsame

Muster. Es muss nicht unbedingt mit Alkohol. Das gleiche gilt für

Delinquenz . Zum Beispiel im Falle Larry Finkelstein , hatte er

erfolgreich als delinquent ; sein Sohn war es nicht. Was auch immer die

Vater oder manchmal Einschränkungen und Defizite der Mutter sind ,

sie sind irgendwie funktional für sie, aber sie sind nicht für die

Kind. Das ist etwas anderes, das mit in die bearbeitet werden können

Therapie. Beeinträchtigte noch "erfolgreich" Eltern hegen enorme Schuld

sowohl , weil sie in der Lage, während ihr Kind kann nicht verwalten waren ,

und weil sie ein Vorbild für das Kind, das nicht der Fall ist

Arbeit . Einmal mehr eine Frage der Akzeptanz und Trauer.

Manchmal direkte und ungeschminkte Ratschläge geben ist

tatsächlich wirksam in dieser Arbeit. Ich empfehle, dass es verwendet werden

sparsam und nachdenklich. Aber es gibt Zeiten, es ist eindeutig

der Weg zu gehen . Zum Beispiel habe ich energisch geraten Familien -

die Eltern , ist - nicht für eine weitere Reha für Sohn oder bezahlen , dass

Tochter , vielleicht die vierte , die wahrscheinlich nicht funktionieren würde

und würde die Familie bankrott . Ich habe festgestellt , dass diese Beratung ist oft

übernommen.

Wenn Ratschläge geben ist ein Teil dieser Arbeit, so ist die Interpretation .

Diese Arbeit umfasst im Inneren an die Oberfläche gebracht und Verstärken

alle Emotionen - Liebe , Hass, Angst , Angst, Hoffnung , dass

brachten die Eltern , so sehr auf einer bewussten Ebene sie

wurde für das Kind , zur Behandlung. So sanft Konfrontation ,

Identifikation und Reflexion von Emotionen sowie Auslegung ,

stehen im Mittelpunkt dieser Arbeit. Beispielsweise einer der mutativen

Aspekte meiner Arbeit mit Edna war Interpretations in der Natur. Ich sagte

ihr, dass ein Grund, warum sie nicht in der Lage , sich von der Vergangenheit lassen war , von der

Jahre, in denen sie unterstützt hatte und zweifellos ermöglichte ihr

Neffe, war, dass sie nie wirklich erlebt hatte oder

anerkannt , wie sehr wütend sie für die Nutzung ihrer alles war auf ihn

diese Jahre . "Stimmt, Sie (gemeint Tante Edna), die Sie erwähnt

waren manchmal wütend , aber ich glaube nicht, dass Sie jedes Bewusstsein haben

der , wie wütend waren Sie damals und du jetzt bist. lassen Sie sich

das Gefühl, dass Wut ist ein notwendiger Schritt, um Vergebung für die sehr reale

Schäden , die Ihnen gemacht wurde. Es gibt keine Möglichkeit, Sie verzeihen können ,

die Befreiung wäre für Sie, wenn Sie wirklich das Gefühl, dass Sie

brauchen, um Vergebung zu geben. Und Sie tun, weil Sie wütend sind

immer noch . "

Die Arbeit um diese Wut und Ednas Anbau

Erkenntnis, dass sie hatte etwas zu ihrem Neffen vergeben für so

sowie der bewusste Wunsch, sich selbst zu ermöglichen ihm vergeben war

wirklich befreiend. Aber da war noch ein anderer Aspekt , dass ihre Wut

Bedarf auszulegen . Ich sagte: " Edna , Sie sind nicht nur wütend auf

Ihr Neffe , aber du wütend auf sich selbst sind, nicht nur dafür

nicht hilfreich Dinge für ihn , aber sehr viel dafür, dass so gewesen

berauben Sie sich . Kurz gesagt, wütend auf sich selbst dafür, dass du bist

lassen Sie sich in der Tat , nachdem er in mitschuldig , ausgenutzt .

Und ja, Ihr zu wissen Ihre Wut auf Ihr Neffe ist ein Schritt

in der Annahme , was zwischen den beiden von Ihnen passiert ist, und dass

Akzeptanz ihm verzeihen . Sie müssen sich selbst um Vergebung

mit sich selbst misshandelt , bevor Sie entweder selbst vergeben kann

zum Aktivieren oder verzeihen ihm für seine Ausbeutung. "Und das eröffnet

eine ganz neue Erzader extrahiert und durchgearbeitet werden .

Bei der Diskussion Alanon Ich wies darauf hin , dass eine der

Besserungs Kräfte, die Alanon bringt ihre Mitglieder auf, tragen

ist Gemeinschaft. Nicht nur ein Gefühl der Gemeinschaft, sondern die Sache selbst .

Der Therapeut kann natürlich nicht bieten Gemeinschaft in dem Sinne, dass

Alanon hat , das heißt, ein umfangreiches Netzwerk von Leidensgenossen .

Dennoch ist die Therapie vor allem um Gemeinschaft und in der Tat

nicht bieten viele der Vorteile der Gemeinschaft. Die Eltern

die unsere Hilfe bei der Bewältigung ihrer schwierigen erwachsenen Kinder suchen, sind

flutet mit Scham , und das ist schade, Isolierung . Einsamkeit und

Alleinsein sind untrennbar mit ihren Schwierigkeiten . die Beziehung

zwischen Therapeut und Patient Eltern bricht dieser Zerkleinerung

Gefühl des Alleinseins und die therapeutische Allianz stärkt

bietet eine sehr reale Brücke zurück in die menschliche Gemeinschaft. es ist

ein wichtiger Aspekt dessen, was wir tun. Jemand hat einmal gesagt, es gibt zwei

Möglichkeiten : allein allein sein , allein oder zusammen zu sein. wenn unsere

Arbeit gelingt es der Patient nicht mehr allein allein, sondern ist jetzt allein zusammen .

Empfohlene Lektüre :

Von Rosemary Balsam M.D.

Sons of Passionate Mothering

Von Richard D. Chessick M.D. , Ph.D.

Freud lehrt Psychotherapie Second Edition

Von Lawrence Hedges

Die Aufrechterhaltung Intimität in der Langzeit - Beziehungen Überwindung Unsere Beziehung Ängste

Die Überwindung Unsere Beziehung Fears Arbeitsmappe Kreuz - Cultural Encounters : Bridging Welten

Unterschied

Die Beziehung in der Psychotherapie und Supervision

Mit Jerome Levin Ph.D.

Alkoholismus in einem Schnapsglas : Was Sie wissen müssen

zu verstehen und zu behandeln Alkoholmissbrauch

Das Selbst und Therapie

Grandmoo Goes to Rehab

Suche nach der Kuh : Innerhalb von: Mit Fantasie zu bereichern

Ihr Leben

Von Fred Pine Ph.D.

Über Pluralismus : Psychoanalyse und

Workings of Mind

Von David B. Sachar M.D.

Erfolgreich sein mit ADHS : Geheimnisse von einem

Betrübt Professor für Medizin

Von Fred Sander M.D.

Einzel-und Familientherapie

83

Von Charles A. Sarnoff M.D.

Theorien des Symbolismus

Symbole in der Psychotherapie

Symbole in Kultur , Kunst und Mythos

Mit Jill Savege Scharff M.D.

Klinische Überwachung der Psychoanalytischen

Psychotherapie

Mit Jill Savege Scharff MD und David E. Scharff MD

Doktor im Haus Sitz: Psychoanalyse an der

Theater

Von Samuel Slipp M.D.

Anti - Antisemitismus : Seine Wirkung auf Freud und

Psychoanalyse

Mit Imre Szecsödy M.D. , Ph.D.

Supervision und das Making of der Psychoanalytiker

Durch Vamik Volkan M.D.

Eine psychoanalytische Prozess von Anfang bis seine

Kündigung

Von Judith Warren Ph.D.

Lesen und Therapie: Polieren Sie Ihr Shakespeare

(und Proust und Hardy)

www.ingramcontent.com/pod-product-compliance
Lightning Source LLC
Chambersburg PA
CBHW060641290526
45793CB00001B/339